Dianne Brill wurde in Racine, Wisconsin, geboren (wann, wird nicht verraten; das gehört sich bei Sexgöttinnen nicht). Sie wuchs auf in Tampa, Florida, bevor sie sich nach New York aufmachte, wo ihre wahre Berufung als »die Königin des Nachtlebens« sich ihr enthüllte. Heute lebt Dianne in München (Munich, Bavaria) und schreibt an ihrem zweiten Buch.

Dieses Buch wurde auf chlor- und säurefreiem Papier gedruckt.

Vollständige Taschenbuchausgabe Juli 1995
Droemersche Verlagsanstalt Th. Knaur Nachf., München
© 1994 für die deutschsprachige Ausgabe Paul List Verlag
in der Südwest Verlag GmbH & Co. KG, München
Titel der Originalausgabe »Dressed in Just Under Six Hours«
Copyright © 1992 by Dianne Brill
Originalverlag Vermilion Books, Random House, London,
und im Verlag Penguin USA Inc., New York.
Umschlaggestaltung Manfred Waller, Reinbek,
unter Verwendung einer Idee von Martin Lovelock
und eines Fotos von E. J. Camp/Katz
Druck und Bindung Ebner Ulm
Printed in Germany
ISBN 3-426-60419-1

2   4   5   3

Dianne Brill
Dressed to Kill

oder

Wie werde ich eine Sexgöttin

Wie man die tollsten Männer anmacht
und sie wieder loswird

Aus dem Amerikanischen
von Dinka Mrkowatschki

DIESES BUCH

WIDME ICH MEINER MUTTER

Noni Kendall Brill,

DER FRAULICHSTEN FRAU

ALLER ZEITEN.

Meinen überschwenglichen Dank

AN ALLE, DIE DIESES BUCH ERMÖGLICHT HABEN
– IHR WISST GENAU, WEN ICH MEINE! GANZ
BESONDERS MEINEN BRÜDERN TROY, MICHAEL
UND JON UND SCHWESTER MORRI. EIN EXTRA
DANKESCHÖN AN RUDOLF UND,
SELBSTVERSTÄNDLICH, AN MARCO PIRRONI,
JANIS SAVITT UND GARY BOGARD. UND ZU
GUTER LETZT MEINER TRAINERIN UND MUSE,
NINA „SAY IT IN ENGLISH!" MALKIN. UND MEHR
ALS ALLEN MEINEM STARKEN UND MUTIGEN
„MR. LION".

Inhalt

Dianne Brill: ein Gesamtkunstwerk

Ich weiß ja, daß Sie berühmt sind und so weiter ..., aber was machen Sie eigentlich wirklich???

Seit Jahren stellt man mir diese Frage, nur etwas höflicher. Klar, eine Menge Leute haben von meinen Abenteuern als Königin des New Yorker Nachtlebens gehört. Sie haben mich auf dem Laufsteg in schicken Illustrierten gesehen. Vielleicht bin ich Ihnen in Ihrer Lieblings-Talk-Show aufgefallen, oder Sie haben mich in einem Film gesehen. Vielleicht haben Sie einen tollen Mann in einem Anzug, den ich entworfen habe, bewundert, oder Sie sind an einem Boutiquefenster vorbeigegangen, und eine Schaufensterpuppe mit meinem Gesicht und meiner Figur hat Sie angelächelt.

Und trotzdem fragen Sie sich: Sie macht soviel ..., aber was macht sie eigentlich *wirklich*?

Natürlich kennen Sie Dianne Brill: die mit dem Riesenbusen, der Riesenfrisur und dem Riesenlächeln, die Blondine mit der

Wahnsinnsfigur in den Wahnsinnsklamotten mit ihren Stilettos, die man überall trifft: in Paris, New York, London, Los Angeles, Berlin, Tokio, Mailand.

Und trotzdem ..., wer bin ich, und was mache ich?

Alles.

Ich bin Designerin/Schauspielerin/Model/Autorin/Geschäftsfrau. Und durch die verschiedenen Leben, die ich bis jetzt geführt habe, hatte ich die Chance, eine Königin des internationalen Vergnügungs- und Partytornados zu werden und einige der erstaunlichsten Männer und Frauen der Welt kennenzulernen. Ich gebe seit Jahren gute Tips (fragen Sie meine Freunde) und bin inzwischen eine *der* Expertinnen für Romanzen und die Kunst, eine zeitgemäße Sexgöttin zu werden.

Ich wurde in Racine, Wisconsin, geboren und bin in Tampa, Florida, aufgewachsen. In New York City habe ich mir in kürzester Zeit einen Namen gemacht. Dank einem glücklichen Händchen für Selbstvermarktung, der Hilfe wunderbarer Freunde, kräftiger Unterstützung der Massenmedien und einer Menge Glück gelang es mir, auf einer Reihe von Gebieten Prominenz zu erlangen.

Als ich mich ins Geschäftsleben stürzte, waren mir Begriffe wie: „Das kannst du nicht machen" oder „Das ist unmöglich – das hat noch nie einer gemacht" fremd.

Wenn du die Regeln nicht kennst, hast du keine Grenzen. Das war und ist mein Schlüssel zum Erfolg – in der Arbeit wie in der Liebe, mit Freunden und Liebhabern, im Nachtleben wie dem bei Tag.

Meinen ersten Job hatte ich im heißesten Designerjeansladen von Tampa (damals, als Designerjeans noch ein absolutes Modemuß waren). Wir, das Numero-Uno-Modeverkaufsteam, hatten die Mission, unsere Kunden in hautenge, goldbestickte, straßbesetzte Jeans zu zwängen, sie auf den Boden zu legen, Schlüsselringe in dem Reißverschluß einzuhaken und den Kunden zu zeigen, wie man ihn zukriegte. Ich war natürlich die Starverkäuferin, und meine besten Kunden waren Footballspieler der Tampa Bay Bucs.

Etwa um diese Zeit beschloß ich, für eine Woche nach London zu fliegen, und daraus wurde ein Jahr. Ich fand einen Job als Stylistin bei einem der Spitzenreiter der Kosmetikbranche (obwohl ich davon keine Ahnung hatte), reiste durch England und machte Präsentationen und Verschönerungen. Ich zog meine Zaubershow auf der Bühne ab, während die englischen Schönheiten zusahen, Tee nippten und meinen vorgeführten „Vorhers" und „Nachhers" höflich applaudierten.

Ziemlich schnell verlor ich das Interesse an dieser Arbeit und machte etwas Neues. Wegen Visaproblemen auf dem Rückweg von einer Geschäftsreise nach Paris mußte ich Europa verlassen. Fast wäre ich abgeschoben worden. Aber man sagte mir, ich könne sechs Monate später nach Großbritannien zurückkehren.

Sechs Monate!?!?!?!?!

Ein Alptraum. Tampa?! Schon wieder? Eins war sicher: Ich wollte nicht zurück in die Provinz. Ich geriet in Panik. Aber nach kurzer Zeit hatte ich mich wieder beruhigt, und dann kam mir eine Idee. Kleider vom Flohmarkt waren in London der große Trend; also dachte ich mir, daß das in den USA sicher auch gut ankommen würde. Ich kaufte ein Lager voller neuer alter (nie getragener) Kleidung und Schuhe, circa 1960 entstanden, packte sie in einige Schiffskoffer und brachte sie und mich nach New York City. Dort holte ich mir ein Telefonbuch und suchte mir Boutiquen mit lässigen Namen – Trash und Vaudeville, Manic Panic, The Zoo, Screaming Mimis usw. Dann begann ich rumzutelefonieren. Fehlanzeige. Bin dann einfach mit ein paar Mustern von meinem Zeug in großen Taschen in diese schicken Läden spaziert. Und sie haben gekauft. Alles.

Okay. Meine Ware war super und sofort lieferbar. Aber es gab noch einen Faktor, der beim Verkauf des Zeugs half: mich. Ich glaubte an das, was ich verkaufte. Ich wußte, daß es die beste verfügbare Ware auf dem Markt war. Und meine Überzeugung übertrug sich auf die Leute. Spielte es eine Rolle, daß ich diese Arbeit nicht auf der Schule gelernt und mich nicht durch die

Rangordnungen der Bekleidungsindustrie gearbeitet hatte? Nein. Zu meiner übergroßen Freude entdeckte ich, daß der Schlüssel zum geschäftlichen Erfolg der *Glaube* an das, was ich zu bieten hatte, war. Und ich weiß, daß es der Schlüssel zu praktisch jeder Karriere ist, ganz besonders in der Liebe. Ohne diesen Glauben könnte man das Zeug verschenken, und keiner würde es wollen.

Nach einiger Zeit sprach sich mein Name herum. Kurz darauf exportierte ich alte Kleidung nach Schweden, in die ganze Welt. Ich verdiente gutes Geld. Die Sorte Geld, die man gern ausgibt. Und schnell! Wieder ein Geistesblitz: Näh ein Superetikett in irgendein Kleidungsstück, und es gewinnt an Glaubwürdigkeit. Also gründete ich eine Firma und nannte sie Classix (lachen Sie nicht, das war damals in) Nouveau.

Ich war Geschäftsfrau. Eine kleine, aber feine. Und dann wurde ich kreativ. Ich begann die alten Kleider umzunähen. Ich zerlegte zum Beispiel einen Anzug und nähte ihn um, das Jackett wurde doppelreihig, kurz wie ein Spenzer, der Stoff wurde überfärbt, die Hosen plissiert, kurzum, es entstand ein völlig neuer Anzug. So entwickelte ich meine *destroy to create*-Designtheorie. Ich hatte natürlich keine traditionelle Designerausbildung. Um ehrlich zu sein, ich hatte eine Vier in Handarbeit gehabt.

Ich spezialisierte mich auf Männerkleidung. Sie war am leichtesten zu kriegen, und das „Umbauen" war bei ihr am interessantesten. Und schließlich und endlich war ich Dianne Brill und wollte die tollsten Männer zu meinem persönlichen Spielzeug machen. Meine zweite Firma taufte ich auf den Namen Gumex (nach einem brasilianischen Haaröl für Männer). Die Läden kauften meine Entwürfe und verkauften sie an berühmte Kunden. Prince zum Beispiel trug einen meiner umgebauten lederbesetzten Trenchcoats in seinem Film *Purple Rain*. Ich veranstaltete eine kleine Modenschau in der Danceteria meines damals gerade frischgebackenen Freundes Rudolf, und danach konnte ich meine Kollektion sogar in Japan präsentieren.

Dann begann ich allmählich mit richtigen Schneidern zu arbeiten und entwarf neue Männerkleidung. Ich fand einen Investor und gründete Firma Nummer Drei, Dianne Brill Menswear, Inc. Meine erste vollfinanzierte Kollektion hieß The New Millionaires Club.

Ich ließ diese Kollektion bei einer Modenschau vor sechstausend Zuschauern im Palladium in New York City vom Stapel. Fünfundvierzig Brill Boys, einer schöner als der andere, führten meine Sachen vor, darunter der Künstler Keith Haring, die Schauspieler Billy Baldwin und Ian Buchanan und Curtis Sharp, ein ehemaliger Lottomillionär. Zufällig wurde am selben Abend der größte Lotto-Jackpot in der Geschichte New Yorks verlost. Da der glückliche Gewinner seinen Preis erst ein paar Tage später abholte, raten Sie, wer auf der Titelseite der *New York Post* am nächsten Tag erschien: ich, in meinem Dollarscheinkleid mit den Ohrringen aus Dollarzeichen, zusammen mit meinem Modell Curtis ..., das nenne ich einen „Brill"anten Mediencoup!

Bevor ich richtig Luft holen konnte – damit meine ich am Abend nach meiner Modenschau – war ich Gast in David Lettermans Fernsehshow und staffierte die Band aus. Nach diesem Auftritt waren meine Designerfähigkeiten noch gefragter. Besonders Rockstars waren ganz hingerissen von meinen Heldenanzügen: maßgeschneiderte Jacken über Karottenhosen. Alle, angefangen von Duran Duran und Bruce Springsteens E Street Band bis zu Rod Stewart und den Rolling Stones stiegen in meine Hosen (und Jacken und Hemden): Auch in *Miami Vice* trugen sie meine Klamotten. Sie meinen, das war nur ein Kometenauftritt am Modehimmel? Immerhin brachte sogar ein ernstzunehmendes Wirtschaftsmagazin einen Artikel unter dem Titel „Blonde prefers Gentlemen".

Auf dem Höhepunkt wurde Dianne Brill Menswear für den angesehenen Cutty Sark Menswear Award nominiert. Trotzdem ging Dianne Brill Menswear nach zwei starken Saisons und dem Versuch, Lizenzen im Ausland zu verkaufen, finanziell baden. Okay, ich hab' schwer abgespeckt (buchstäblich – das war die Zeit, in der ich irrsinnig abgenommen habe, aber das ist ein Kapitel für

THE

BRCE

OF IT ALL......

Alvaro

sich!) Aber wie die meisten Geschäftstitanen kam ich wieder hoch wie ein Stehaufmännchen, wechselte die Richtung und stürzte mich in ein paar herausfordernde Projekte. Ich bin eine Frau, die alles kann, was sie will – und es tut. Schauspielerei. Mannequin. Schreiben. Leben! Ich entdeckte etwas Wunderbares, das ich verkaufen konnte und das die Leute kaufen wollten: mein Image. Ich begann, *mich selbst* zu verkaufen, von Schaufensterpuppen bis zu deutschen Pralinés nach meinem Abbild. Mädels, eines weiß ich: Wenn ich mich wirklich mit Hals, Kopf, Herz, Seele und Kurven in ein Projekt stürze, dann funktioniert es.

Und das können Sie auch.

Womit wir beim Zweck des scharfen kleinen Buches wären, das Sie in der Hand halten. Es ist meine ehrliche Absicht, von Schwester zu Schwester meinen Schatz an Erfahrungen mit euch allen zu teilen. Ich werde euch ganz unverblümt das geben, wovon ich am meisten verstehe und was mir am meisten am Herzen liegt: eine Frau zu sein, ein Mädchen, eine Traumfrau in allen Lebenslagen.

Die wichtigsten Worte in diesem Buch sind „Liebe", „Spaß" und „Selbst". Ich werde euch zeigen, wie ihr ein tolles Leben führen könnt, indem ihr das Beste an eurer Fraulichkeit einsetzt – Stärke, Unabhängigkeit, Intelligenz und Selbstachtung – und sie mit eurer Traumfraulichkeit verschmelzt, wie ihr Mittelpunkt jeder Party sein, euren Sexappeal genießen, eure Männer lieben und euch schön fühlen könnt.

ERSTES KAPITEL

Tolle Typen kennenlernen

Ich werde jetzt garantiert funktionierende Methoden zum Kennenlernen toller Männer demonstrieren. Ich weiß, daß sie funktionieren, weil ich sie alle ausprobiert und erstaunlich romantische Ergebnisse gehabt habe. Jetzt denken Sie wahrscheinlich: „Klar, bei *dir* funktioniert das, Dianne: Die Typen fallen vor dir auf die Knie, wenn du sie nur anguckst!" Das stimmt – aber nur, wenn ich mich in knapp sechs Stunden zurechtgemacht habe! Das Wichtigste ist, daß diese Strategien von meinen Freundinnen getestet wurden, die damit die gleichen Wahnsinnserfolge hatten. Was? Sie sind überrascht, daß ich meine Taktiken mit anderen Frauen teile, nicht aus Profitgier, sondern aus Gutmütigkeit? Das sollte Sie aber nicht überraschen. Eine wahre Sexgöttin ist kein Miststück (auch wenn sie manchmal in diese Rolle schlüpft). Sie mag Frauen genauso gern wie Männer (natürlich meist auf andere Art).

Flirten kann man überall: Jeder ist Flirtmaterial. Natürlich muß sich nicht jeder sofort unsterblich in Sie verlieben, aber im Anfangsstadium der Flirterei ist Demokratie das beste Prinzip. Sie machen selbstverständlich Unterschiede, aber in jedem Mann steckt das Potential zum Liebesgott. Englisch kann man lernen. Fu-Man-Schu-Bärte kann man abrasieren. Brustmuskulatur kann entwickelt werden und Stil auch (oder mit etwas Geschick gefördert werden). So viele Männer! Sie brauchen nur zuzugreifen! Erforderlich ist nichts weiter als etwas Mystik, Technik und ein paar Requisiten (siehe hierzu „Accessoires bis zum Abwinken" auf Seite 12), und schon sind Sie Flirtgöttin. Zwei Dinge darf man nicht vergessen, wenn man mehr Männer kennenlernen will, als man brauchen kann (keine Sorge, wenn Sie mit diesem Buch durch sind, werden Sie soweit sein):

1 Nur ein wirklich selbstsicherer Mann kann den direkten Annäherungsversuch einer Frau ertragen. Wenn Sie auf Männerfang gehen, geben Sie ihm das Gefühl, *er* hätte *Sie* aufgegabelt.

2 Keiner will es zu leicht haben – auch Sie nicht, Schätzchen. Männer stehen auf einen Hauch Abfuhr, solange sie wissen, daß Hoffnung auf letztendlichen Sieg besteht.

Designeraccessoires zum Anbandeln

Wenn Sie die Ohren aufsperren, merken Sie, daß Ihre Modeaccessoires als Eselsbrücke benutzt werden, um Sie anzusprechen. „Oho, Chanel!", „Gucci-Girl" und ähnliches mehr aus dem Mund eines tollen Typen verrät Ihnen, daß er über diese Accessoires mit Ihnen anzubandeln versucht. Sagt Ihnen das als eleganter Konversationsauftakt weniger zu, dann vergessen Sie nicht, daß es in Ihrer Macht liegt zu entscheiden, ob Sie reagieren wollen.

DIE FLÄCHENDECKENDE FLIRTTECHNIK IN THEORIE UND PRAXIS

Vielleicht finden Sie einige der folgenden Flirttechniken ein bißchen plump – aber machen wir uns nichts vor: Vom anderen Ende des Zimmers aus kann *er* weder Ihren hohen Intelligenzquotienten noch Ihren sprühenden Geist oder Ihr Herz erkennen. Umgekehrt können Sie die „verborgenen Qualitäten" eines Typen ebensowenig aus der Ferne beurteilen. Tun Sie einfach so, als wäre jeder Mann der, den Sie begehren. Ein Zimmer schnell, aber gründlich scannen und die versammelten Männer in Kategorien einteilen – das ist unabdingbare Voraussetzung, die zum Reflex wird, wenn Sie nur üben, üben, üben! Und so wird's gemacht:

1 Flirten Sie – höflich, mit einem herzlichen Lächeln und einem Begrüßungsblick – mit 100 Prozent der Männer im Raum. Zwischen 40 und 60 Prozent werden zurückflirten.
2 Beschränken Sie Ihr Flirtgesichtsfeld auf diese Gruppe. Lächeln Sie ihnen zu, aber lassen Sie Ihren Blick diesmal auf jedem eine Sekunde länger ruhen. Etwa 75 Prozent der so Angelächelten werden weiterhin zurückflirten, die anderen sind verabredet.
3 Konzentrieren Sie sich jetzt auf die glücklichen Finalisten. Suchen Sie Blickkontakt. Einige werden jetzt den Blick abwenden. Die, die übrig bleiben, sind Ihre besten Flirtchancen.
4 Suchen Sie einen aus, und flirten Sie direkt mit ihm. Aber bitte diskret, damit die anderen nicht entmutigt werden. Flirten Sie intensiv mit ihm, aber nehmen Sie nicht gleich seine ganze Zeit in Anspruch. Entschuldigen Sie sich kurz, um alle anderen Finalisten zu überprüfen (oder flächendeckenden Flirt wiederholen). Zum Schluß krönen Sie den Gewinner.

Ich verrate Ihnen jetzt ein paar tolle Tips, wo man tolle Typen (die wir TTs nennen wollen) kennenlernen kann. Also los, auf die Piste! Das heißt – vorher müssen Sie sich zurechtmachen. Was Sie anziehen sollen? Darauf werden wir später in allen Einzelheiten eingehen, aber meine Faustregel lautet: im Zweifesfall lieber *overdressed!* Ihre Absätze sollten mindestens fünf Zentimeter höher sein als die jeder anderen Frau in irgendeiner Umgebung. Begießen Sie sich mit Parfum. Ein weiteres Muß: Make-up, maßgeschneidert für die jeweilige Situation, Bühne und Licht. Immer. (Die einzige Ausnahme ist der morgendliche Sprint zum Geschäft an der Ecke,

Accessoires bis zum Abwinken

Kleidungsaccessoires: lange Handschuhe, lange Chiffonschals, Sonnenbrillen, aufwendige Lippenstifthülsen, seidene Taschentücher, Puderdosen mit Spiegel, sexy Täschen ohne oder mit Griff.

Lutscher (Sie sollten immer drei Stück in der Handtasche haben: einen für Sie, einen für ihn und einen für den potentiellen anderen ihn).

Geborgter, niedlicher, flauschiger Hund (einer, den man gern streichelt).

Kamera (Film ist kein Muß, außer Sie entscheiden sich für die Taktik, einen tollen Mann zu fotografieren, und versprechen ihm einen Abzug, um an seine Adresse zu kommen).

Walkman (Kassetten sind nicht erforderlich; so können Sie auf die Frage: „Was hören Sie?" ganz ehrlich antworten: „Ihre Stimme, schöner Mann!").

Irgendein Schmuckgegenstand (zum Beispiel eine griechische Kette, ein unbezahlbares Fabergé-Ei, ein fluoreszierender Sternzeichenschlüsselanhänger).

Falsche Nägel.

Elektronische Kleingeräte, so technisch und sinnlos wie möglich.

Ausländische Illustrierte (am besten eine französische).

Würfel.

Prachtvoll verpacktes Geschenk.

Kleiner Notizblock mit Stift (machen Sie sich Notizen, kritzeln Sie, zeichnen Sie ihn).

Irgendein Marken-Modeaccessoire wie Gürtelschließe, Mütze, Anstecker, Halskette.

um den Morgenkaffee zu holen. Dann, das wissen wir alle, reichen Lippenstift und Sonnenbrille.)

Vergessen Sie nicht: Die folgenden Szenarios sind lediglich Vorschläge – bringen Sie ruhig Ihre persönliche Note ein, improvisieren Sie! Es kann vorkommen, daß er erst flirtet, aber dann abspringt; vielleicht ist er verheiratet oder verliebt und hat nur instinktiv reagiert. Das dürfen Sie sich nicht zu Herzen nehmen. Wenn der Typ nicht anspringt, dann auf zu neuen Abenteuern!

Auf der Straße

(Kleiderordnung: alles, worin Sie sich besonders göttlich fühlen; das gilt auch fürs Make-up.) Auf der Straße kann Ihnen zu jeder Tageszeit ein Traummann über den Weg laufen. Ideal sind die ersten Tage des Jahreszeitenwechsels: bei Wintereinbruch suchen Männer eine Partnerin zum Überwintern; bei Frühlingsanfang steigt das Fieber, beim ersten Anzeichen von Sommer wird's richtig heiß, und der Herbst ist wie geschaffen für romantische Spaziergänge.

Unterwegs sollten Sie keinesfalls die ganze Zeit Schaufenster anschauen oder die Architektur bewundern, denn sonst verpassen Sie womöglich den potentiellen Liebesgott. Das mit Abstand beste Requisit ist ein Hund, aber bitte ein niedlicher, kein Dobermanngespann. Und nehmen Sie nie den kürzesten Weg nach Hause. Zu Hause haben Sie kaum Gelegenheit, tolle Männer kennenzulernen. Auf der nächsten Seite finden Sie ein paar Tips für den richtigen Gang, um den Verkehr zum Erliegen zu bringen.

Im Videoverleih

(Kleidung: witzig-lässig; Make-up: klar und gut verteilt als Kontrast zum Neonlicht im Laden.) Die meisten Männer holen sich Videos fürs Wochenende. Die beste Zeit ist folglich Freitag, später Nachmittag oder früher Abend, und Samstag.

Schalten Sie Ihren Männerscanner ein. Achten Sie darauf, was er sucht. Wenn er zwischen *Bambi* und *Tschitti Tschitti Bäng Bäng* zaudert, ist er möglicherweise nicht Ihre Kragenweite. Geschmack

Gehen, nicht rennen

Vielleicht ist Ihnen schon aufgefallen, daß alle tollen Typen in die falsche Richtung gehen. Das können Sie mit sofortiger Wirkung ändern, je nachdem, welchen Gang Sie wählen. Folgendes Szenario: Sie gehen auf ihn zu und nehmen Augenkontakt auf (wenn Sie erst Expertin sind, können Sie das sogar, wenn Sie beide Sonnenbrillen tragen). Gehen Sie weiter, aber werfen Sie einen Blick über die Schulter, um zu sehen, ob er Ihnen nachschaut, um zu sehen, ob Sie ihm nachschauen. Wenn er Ihnen auf den zweiten Blick auch noch gefällt, bleiben Sie 1. stehen und halten Sie 2. den Augenkontakt mit einem kleinen Lächeln. Höchstwahrscheinlich wird er auf Sie zukommen, Sie dürfen ihm aber auf halbem Weg entgegengehen. Jetzt stehen Sie ihm von Angesicht zu Angesicht gegenüber. Wenn er immer noch nichts sagt, sehen Sie ihn fragend an, als hätten Sie das Gefühl, ihn zu kennen. Sagen Sie *nicht*: „Kennen wir uns?" Fragen Sie: „Wer sind Sie?" Ein perfekter Satz – drei Möglichkeiten, ihn zu sagen. Betonen Sie ihn, wie Sie es für richtig halten: *Wer* sind Sie? Wer *sind* Sie. Wer sind *Sie*?

Der Gang sagt mehr als tausend Worte! Studieren Sie den Gang Ihrer Idole, lernen Sie ihre Schrittechnik.

Der große Auftritt: Tief Luft holen (anhalten), Kinn hoch, lächeln. Bleiben Sie in der Tür stehen, lassen Sie den Blick über die Menge schweifen. Gehen Sie so gerade wie möglich (kein Buckel, keine Fernsehhaltung). Legen Sie eine Hand auf die Hüfte (eine Geste, die viel Platz verlangt), und durchschreiten Sie den Raum mit schwungvollen, geschmeidigen Schritten.

Die besten Abgänge: Stellen Sie sich vor, auf einer imaginären Linie zu gehen. Das sieht von vorne ein bißchen x-beinig aus, aber von hinten ist es unschlagbar.

Geschicktes Stutzen: Bleiben Sie stehen, beugen Sie das rechte Knie verführerisch nach vorn, und dann legen Sie langsam den Kopf zurück.

Seidiges Schreiten: Wenn Sie Strümpfe tragen, lassen Sie Ihre Waden aneinanderstreifen; sie sollten sich bei jedem langen Schritt kurz berühren.

Damit es besser wackelt: Folgen Sie in den Fußstapfen von Marilyn Monroe, lassen Sie sich beim Schuster einen Ihrer Absätze um knapp einen Zentimeter abfeilen.

Strand und Boudoir: Wann immer Sie barfuß sind, gehen Sie auf Zehenspitzen!

ist subjektiv – aber vielleicht sollten Sie den Typen, der gerade den neuesten Kettensägenfilm in der Hand hält, links liegenlassen.

Okay, Sie sehen, daß er sich entschieden hat. Zum Beispiel für *Bettgeflüster* mit Doris Day und Rock Hudson. (Und Sie wissen, daß Ihr Videoverleih nur eine Kassette von jedem Film hat.) Schnurren Sie dem Verkäufer hinter dem Tresen zu: „Ich *muß* heute abend *Bettgeflüster* sehen!"

Eines von zwei Extremen wird passieren: Er wird darauf bestehen, daß *Sie* den Film nehmen, oder darauf, daß Sie ihn *zusammen* bei ihm/bei Ihnen ansehen. Gehen Sie auf keinen der beiden Vorschläge ein! Verraten Sie ihm statt dessen das Ende (wenn Sie's nicht kennen, sagen Sie einfach: Sie leben glücklich und zufrieden bis ans Ende ihrer Tage zusammen). Die Enttäuschung wird ihm ins Gesicht geschrieben sein. Bitten Sie ihn um Verzeihung, weil Sie ihm seine Filmpläne für den Abend ruiniert haben, fragen Sie, ob Sie das wiedergutmachen können. Sie können ihn ja zu einer Matinée einladen!

In der Reinigung

(Kleidung: feine Stoffe, die man reinigen lassen muß, zum Beispiel Kaschmir; Make-up: raffiniert-lässig.) Die beste Zeit ist Samstag, wenn der Mann keine langweiligen Geschäftsanzüge, sondern teure Sachen abholt.

Sie orten einen tollen Mann – nehmen wir mal an, er läßt den Ärmel seiner Lederjacke verlängern. Wenn Sie Ihre Sachen bekommen, sagen Sie, es würde etwas fehlen – ein Schal eignet sich immer, weil er klein und leicht zu verlegen ist. Zuerst höflich murmeln, dann immer bestimmter werden (aber immer sexy – nicht jammern!). Dadurch wird der TT auf Sie aufmerksam (wenn es nicht schon passiert ist). Sobald er sich Ihnen zuwendet, vergessen Sie Ihren Schal *total* und sagen: „In der Jacke sehen Sie phantastisch aus." Das wird ihm peinlich sein, und das macht ihn verletzlich. Betonen Sie Ihre Aussage mit einem Blick aus dem Augenwinkel und dem Lächeln eines ungezogenen Mädchens, dann wenden Sie sich wieder dem verlorenen Schal zu. Aber so wichtig Ihnen Ihr Anliegen ist, in der Gegenwart des TT können Sie sich einfach nicht konzentrieren. Als nächstes sagen Sie zu ihm: „Haben Sie auch das passende Motorrad für die Jacke?" Diese Frage ist eine narrensichere Aufforderung. Er müßte darauf so reagieren: „Ja. Darf ich Sie zu einer Fahrt einladen?" Sie rauschen in den Sonnenuntergang davon, und Ihr Schal, den Sie die ganze Zeit um den Hals hatten, flattert im Wind.

Beim Einkaufen

(Kleidung: üppig; Make-up: absolute Perfektion, tadellos manikürte Nägel.) Sie sind auf der Suche nach einem Mann und nicht nach den Zutaten für gemischten Salat! Es ist absolut lebenswichtig, sich den Anschein zu geben, als könnten Sie nicht mal Wasser kochen, selbst wenn bei Ihren Soufflés Drei-Sterne-Köche vor Neid erblassen. Sie können ihn immer noch mit Ihren Kochkünsten beeindrucken, wenn die Romanze erst mal aus den Startlöchern ist. Am Anfang wollen Sie ausgeführt werden (und zwar gut).

Supermarkt (Zehn-Artikel-oder-weniger-Schlange): Tolle Typen sammeln keine Rabattmarken und decken sich nicht mit Sonderangeboten ein. Sie haben immer sehr wenig im Kühlschrank (die tollsten haben nur Champagner und ein paar Würzsaucen). Männer gehen wochentags nach der Arbeit oder samstags in den Supermarkt. Stellen Sie sich hinter ihm an, bitten Sie ihn, Ihren Platz zu halten, weil Sie etwas vergessen haben. Dann kommen Sie mit sichtbar leeren Händen zurück. Bedanken Sie sich, sagen Sie: „Verflixt, der Espresso ist ausverkauft, und ich bin gerade so in der Stimmung ..." Worauf er Sie sofort ins nächste Café entführen wird.

Feinkostgeschäft: Schauen Sie dann nach Tomaten und Büffelmozzarella, wenn Liebesgötter ihr Wochenendambrosia einkaufen. Vergessen Sie nicht, daß in Feinkostgeschäften viele TTs zu sehen sind, aber ein gewisser Prozentsatz seine Delikatessen lieber mit einem Mann teilt. Fragen Sie ihn nach ungewöhnlichen Sachen in seinem Korb. Wenn er sagt: „Junge Frau, das ist geradezu *gött-*

lich üppig! Und hat überraschend wenig Kalorien", dann stehen die Chancen gut, daß jemand, der nach Schokolade lechzt, auch nach Ihnen lechzen wird.

Am Zeitungskiosk

(Kleidung: immer ein Kleid, anliegend, aber nicht übertrieben eng, schlichte Pumps; Make-up: nachrichtenreif.) Am Zeitungskiosk, meine Damen, geht die Post ab. Hier gibt es wesentlich mehr zu holen als die morgendlichen Schlagzeilen! Sie sollten Ihren Angriff auf den Zeitungskiosk in den frühen Morgenstunden starten (vor der hektischen Stoßzeit um neun). Oder Sie versuchen es zu Zeiten, wo nichts los ist, zum Beispiel um drei Uhr nachmittags. Bei meinem persönlichen Favoriten, dem Zeitungsstand im Hotel (der beste Ort, um im Hotel einen Mann kennenzulernen; Sexgöttinnen tigern nicht durch die Lobby!), sollten Sie ebenfalls frühmorgens auftauchen. Wenn Sie im Urlaub sind, stellen Sie den Reisewecker oder lassen Sie sich wecken.

Lassen Sie sich Zeit beim Schmökern (Männer sind morgens alert, energiegeladen und nervös und werden von einer Frau fasziniert sein, die genug Zeit hat, sich alles in Ruhe anzusehen). Ein sexy Lachen, um ihn neugierig zu machen, dann gestatten Sie ihm einen heimlichen Blick auf das, was Sie ansehen. Diese kleine Verschwörung, zu der Sie ihn verlockt haben, erlaubt ihm, Sie anzusprechen. Ein Wort von Schwester zu Schwester: Bringen Sie ihn nicht in Verlegenheit, während er einen Porno durchblättert. Sie selbst mögen nicht darauf stehen, aber für einen Mann sind Pornos heilig.

Im Aufzug

(Kleidung: sinnlich-wichtig; Make-up: kußfest.) Der Aufzug ist ein wunderbarer Klassiker, auf den man immer wieder zurückgreifen kann. Steigen Sie zu Anfang der Mittagszeit ein oder am Ende eines Tages (es ist schwierig, ihn auf sich aufmerksam zu machen, wenn er gerade versucht, eine neue Entschuldigung fürs Zuspätkommen zu finden!). Treten Sie an die Rückwand des Aufzugs; das ist eine

Machtposition, von der aus Sie jeden in Augenschein nehmen kön-
nen. Schalten Sie den Scanner ein. Aufzüge sind phantastische
Wegkreuzungen. Sie können über praktisch jedes Thema ein
Gespräch anfangen. Der einfachste Eisbrecher ist und bleibt: Bitten
Sie den TT einfach, dem Knopf für Ihr Stockwerk zu drücken.

Okay, Sie müssen ganz schön auf Zack sein, wenn Sie das auf nur
einer Fahrt durchziehen wollen (oder das Gebäude ist wirklich *sehr*
hoch!). Natürlich kann es passieren, daß Sie demselben TT mehrmals in Ihrem Aufzug begegnen. Versuchen Sie, über eine Reihe
von Fahrten eine Aufzugsbeziehung herzustellen. Werden Sie miteinander vertraut, durch Nicken und Lächeln, bis Sie schließlich
fragen können: „Arbeiten Sie in diesem Haus?"

Verkehrsmittel

(Autos, Taxis, Flugzeuge – Kleidung: alles, was Sie von der Taille
aufwärts ins rechte Licht rückt – und Ihre tollen Beine beim
Aussteigen betont; Make-up: maßgeschneidert für das Ziel Ihrer
Fahrt, aber auffällig genug; Requisiten: Stadtplan irgendeiner Stadt
und etwas, was ins Auge sticht.)

Autos: Sie werden eine ganz neue Einstellung zu Verkehrsstaus
entwickeln, wenn Sie erst einmal die „zwischenautomobilische
Kommunikation" beherrschen. Ich war so abgefahren auf
Autospielchen, daß man mir den Führerschein abgenommen hat
(den ich Ende der Neunziger vielleicht wieder kriege). Unterwegs
ist es nur angemessen, daß Sie den ersten Schritt machen (ignorieren Sie alle, die hupen, pfeifen oder „Schöne Scheinwerfer" rufen).
Vergessen Sie nie, daß in klischeehaft teuren Autos oft Männer sitzen, die auf den ersten Blick nicht besonders eindrucksvoll sind –
lassen Sie sie trotzdem nicht aus den Augen, sie könnten mehr unter
der Haube haben. Werfen Sie dem Fahrer Ihrer Wahl immer wieder
Blicke zu. Wenn er die Spur wechselt, tun Sie das auch, um ihn nicht
aus den Augen zu verlieren.

Taxis: Taxis teilen – auf Ihren Vorschlag hin – ist nie riskant, weil
Sie immer noch bei Rotlicht rausspringen können. Sie entdecken

einen TT, der an derselben Ecke wie Sie wartet. Es spielt keine Rolle, wer zuerst da war. Fragen Sie ihn, ob er Richtung Innenstadt fährt (natürlich fährt er dahin, er steht ja in der Richtung). Fragen Sie, ob er ein Taxi teilen möchte (er sagt natürlich ja). Die Nähe auf dem Rücksitz sollte bei Ihnen beiden Erinnerungen an Rücksitzromanzen der Teenagerzeit wecken. Die einfachste Methode, um ein Gespräch anzufangen, ist die, zu fragen, wohin er fährt. Wenn Sie abenteuerlustig sind, können Sie sagen, Sie wären auf dem Rücksitz eines Taxis zum erstenmal geküßt worden.

Flugzeuge: Ist Ihnen schon einmal aufgefallen, wie sich der Unterschied zwischen den Geschlechtern auf langen Flügen bemerkbar macht? Die Männer gehen im Flugzeug ständig auf und ab, während sich die Frauen auf ihren Sitzen einnisten. Ich rate Ihnen: Schließen Sie sich den Männern an, gehen Sie den Gang auf und ab, und Sie werden sehen, was da alles abhebt! Schalten Sie den Scanner vor dem Einsteigen ein. Es spielt keine Rolle, wo Sie sitzen, Sie können immer wechseln. Gehen Sie zu der Toilette, die am weitesten entfernt ist, und versuchen Sie, unterwegs Augenkontakt mit ihm aufzunehmen. Sollte die Maschine auf Turbulenzen treffen, gehen Sie mit, wehren Sie sich nicht dagegen, dann können Sie graziös weiter mit dem Po wackeln. Setzen Sie sich auf einen leeren Platz in seiner Nähe, beobachten Sie, was er tut; Ihre Chance kommt, wenn er aufsteht, um mit den anderen Männern auf und ab zu gehen. In der Zwischenzeit *müssen* Sie die Stewardess auf Trab halten; sie muß Ihnen Drinks, Kissen usw. bringen, damit sie sich nicht *Ihrem* TT widmen kann. Wenn er aufsteht, gehen Sie auf ihn zu, damit Sie im engen Gang genau auf ihn treffen. Sie brauchen nicht auf eine Turbulenz zu warten, die Sie ihm in die Arme wirft: Fragen Sie ihn einfach, wie seine Pläne für das Abendessen auf diesem Flug aussehen.

Bars, Clubs und Parties

Das sind natürlich die gängigsten Plätze, um Typen zu treffen. Das wißt Ihr, Mädels! Und was Ihr nicht wißt, werde ich in allen Einzelheiten im Kapitel „Wie werde ich jede Nacht Königin der

Nacht" behandeln. Dazu jetzt nur dieses: Solche Plätze, wo sich die Männer scharenweise tummeln, können ganz schön vertrackt sein – es ist dort eng, die Beleuchtung ist schummerig, laute Musik, jede Menge Ablenkung. Das heißt, Sie brauchen ein bißchen mehr harmlose Flirtmunition, nämlich das berühmte Danilo-Blinzeln.

In-Restaurants

(Kleidung: die ganz große Glamour-Girl-Nummer; Make-up: Femme fatale formidable, vielverheißend schwül.) Sie sollten später als üblich hingehen; dann sind die Restaurants voll, aber nicht überfüllt. Montag bis Donnerstag in Großstädten, freitags und samstags in Vororten. Sonntags nie! Da sind nur Familien und Pärchen unterwegs.

Die richtigen Requisiten sind das Wichtigste! Ein schön verpacktes Geburtstagsgeschenk mit vielen Schleifen (Männer lieben es, diese hübschen Bändchen aufzumachen) ist ein guter Einstieg für ein Gespräch. Er kann Sie ansprechen und fragen: „Haben Sie heute Geburtstag?" Ein Paar lange Handschuhe ist immer gut. Sie können sie anziehen, wieder ausziehen, damit spielen. Sonnenbrillen sind sehr effektvoll: Sie schieben sie mit einem eleganten Finger nach unten und sehen ihn über den Rand an. Eine hübsche Puderdose erfüllt auch ihren Zweck – mit ihrer Hilfe können Sie die TTs hinter sich überprüfen. Unerläßlich: Parfum in rauhen Mengen, lange Chiffonschals, einen langen um den Hals und einen in der Handtasche zum Spielen plus einen kleinen für den „Taschentuchtausch" (Details folgen).

Sie gehen am besten in ein Lokal, das Sie kennen. Es ist immer von Vorteil, den Chef des Hauses zu kennen. Ihre Begleitung sollte eine Gruppe fröhlicher Leute sein, die Sie mögen. In dieser Gruppe sollte zumindest ein Mann sein, der offensichtlich nicht zu Ihnen gehört, damit die Gruppe interessanter wirkt und ein anderer Mann keine Scheu hat, sich anzuschließen.

Sobald Sie das Restaurant betreten, schalten Sie den Scanner ein. Zuerst die Bar, dann einen eleganten Schritt Richtung Toilette, um

Das Danilo-Blinzeln

Diese raffinierte, aber äußerst wirksame Technik habe ich von einem der erfolgreichsten Flirter aller Zeiten (außer mir natürlich) gelernt, dem internationalen Superstar der Hairstylisten, Danilo Dixon. Diese Technik sagt alles ... ohne einen Ton. Man braucht Übung dafür – einen Haufen Übung. Der Trick dabei ist nicht das Auge, sondern daß Auge und Mund sich perfekt synchron bewegen und Ihre Absichten quer durch den Raum signalisieren.

Schauen Sie in den Spiegel, schöne Frau. Jetzt schließen Sie fast in Zeitlupe das rechte Auge, wie beim klassischen Zwinkern. Gleichzeitig machen Sie einen unmerklichen Schmollmund. Üben Sie das, bis es funktioniert. Die Lippen sollten leicht zittern wie beim „W". Sie dürfen nicht das Gesicht zusammenziehen, als wäre Schnee auf Ihren Lippen gelandet. Das ist eine der wenigen Gelegenheiten im Leben, bei der weniger wirklich mehr ist. Vorsicht: Die Stimmung dieses Zwinkerns verlangt sanfte Beleuchtung. Machen Sie's im Dunkeln oder im Halbdunkel – nie bei Büroneonbeleuchtung oder in grellem Sonnenlicht.

P.S. Wenn Sie Schwierigkeiten haben, mit nur einem Auge zu zwinkern, machen Sie das, was die gefeierte Sexgöttin Jayne Mansfield immer machte: Schließen und öffnen Sie rasch beide Augen, dazu ein kleiner Schmollmund, das wirkt immer.

ALVARO

das ganze Terrain auszukundschaften. Da ist er, er steht an der Bar – der Mann, bei dem Ihnen die Luft wegbleibt.

Sorgen Sie dafür, daß Sie in der Nähe des TT Ihrer Wahl sitzen (dafür ist es gut, den Chef zu kennen). Er muß in Sicht- und Hörweite sein. Drehen Sie Ihren Körper so, daß Sie fast am Stuhlrand balancieren; drei Viertel Ihres Körpers sollten dem TT Ihrer Wahl zugewandt sein, Ihr Gesicht aber Ihrem Freundeskreis. In dieser Stellung ist es für Sie ein leichtes, sich ihm zuzuwenden und ihm Ihr hinreißendes Gesicht zu präsentieren. Ich weiß nicht, wie es kommt, aber im Dreiviertelprofil sieht man immer am besten aus. Es kann nicht schaden, wenn der Mann in Ihrer Gruppe Männer liebt. Er wird verstehen, was Sie vorhaben, und nicht laut fragen: „Warum drehst du dich nicht zum Tisch, Mona?"

Trinken Sie immer aus einem Glas mit langem Stiel (selbst wenn's Malzbier ist). Spielen Sie mit Ihren Requisiten. Richten Sie den Blick auf Ihren TT, aber nur, während Sie mit Ihren Freunden angeregt plaudern. Er denkt vielleicht, Sie redeten mit ihm, aber er wird sich nicht sicher sein. Möglicherweise schaut er weg. Keine Panik. Er weiß, daß Sie da sind. Wiederholen Sie das Ganze ein paar Minuten später. Diesmal verstummen Sie mitten im Satz und schenken ihm ein Lächeln wie die Katze, die die Sahne gefunden hat. Sobald er reagiert (und das wird er), mit einem Lächeln oder einem hoffnungsvollen Blick, wenden Sie sich ab und plaudern weiter.

Jetzt geniert er sich und beschäftigt sich intensiv mit seinem Fenchelsalat. Zeit für den Gang zur Damentoilette. Aber zuerst sollten Sie den „Messertrick" (siehe nächste Seite) anwenden.

Gehen Sie an seinem Tisch vorbei, und werfen Sie ihm einen Blick über die Schulter zu. Üben Sie diese Pose zu Hause! Es muß unbedingt natürlich wirken (deshalb: üben!). Schneller Prüfstop vor dem Spiegel – halten Sie sich nicht zu lange auf der Toilette auf, aber machen Sie auf dem Rückzug einen Umweg, um sicherzugehen, daß Ihnen kein noch schönerer Mann im Restaurant entgangen ist.

Wenn ja, ist der Moment für den Taschentuchtausch (siehe Seite 25) gekommen. Andernfalls: Nicken Sie ihm zu, wenn Sie wieder an

DER MESSERTRICK

Keine Sorge, das ist nichts Gefährliches. Den Messertrick sollten Sie immer wieder machen, um sicherzugehen, daß Sie keinen Lippenstift auf den Zähnen haben oder das gefürchtete Spinatlächeln (definitiv nicht verführerisch).

Um Ihr Aussehen während des Essens zu überprüfen, halten Sie das Messer unauffällig so, daß Sie sich darin sehen können. Dann tun Sie, als müßten Sie über eine Bemerkung lachen und betrachten Sie dabei Ihr Spiegelbild.

Kein Lippenstift, kein Spinat – hervorragend! Keine Angst, falls Ihr Begleiter Sie beim Messertrick erwischt. Tun Sie einfach so, als hätten Sie es absichtlich gemacht, halten Sie das Messer so, daß Sie beide sich dann spiegeln, und sagen Sie: „Sind wir nicht ein prächtiges Paar?"

Der Messertrick

seinem Tisch vorbeigehen, oder, besser, ziehen Sie eine Augenbraue hoch (beide, falls Sie es mit einer nicht beherrschen), setzen Sie sich sehr langsam, und plaudern Sie wieder mit Ihrer Begleitung.

Endlich ist die Zeit gekommen, ihn einzubeziehen. Sie wenden sich zu ihm, als wäre er Teil Ihrer Gruppe, und stellen Sie ihm eine Frage. Lauschen Sie aufmerksam seiner Antwort, egal was er sagt, dann stellen Sie eine wichtige Gegenfrage. Während er die beantwortet, tun Sie so, als könnten Sie ihn nicht hören; flüstern Sie: „Ich kann Sie nicht verstehen." Bingo! Er ist an Ihrem Tisch. Er wird die Antwort wiederholen. Flüstern Sie noch leiser: „Ich kann Sie nicht verstehen." Er wird noch näher rücken. Jetzt stellen Sie ihm viele Fragen zu seiner Person. Reden Sie nicht über sich selbst. Er wird mit Sicherheit sagen: „Sie sind eine interessante Frau. Wann kann ich Sie wiedersehen?"

Sie werden feststellen, daß dies eine der befriedigendsten Mahlzeiten ist, die Sie je gegessen haben!

Der Taschentuchtausch

Er ist ein unverzichtbarer Schlachtplan für jedes parfumbewaffnete Mitglied der Brill-Brigade, ein unwiderstehliches und einmaliges Manöver, das ein zweites Treffen mit Ihrem auserwählten Liebesgott garantiert.

Wenn Sie ein Jackett tragen, stecken Sie ein schwer parfümiertes Chiffontüchlein in die Brusttasche, wenn nicht, stecken Sie den Schal in Ihre Handtasche. Beim Besuch einer Bar oder eines Restaurants gehen Sie auf ihn zu; atmen Sie tief durch die Nase ein, dann tauschen Sie Ihr Taschentuch gegen seines. Lassen Sie sich Zeit, arrangieren Sie es hübsch in seiner Tasche. (Sollte er kein Tüchlein in seiner Brusttasche haben, stecken Sie Ihres hinein, und Sie gehen sofort weiter, bleiben aber in Sichtweite.) Das Parfum Ihres Schals wird seine Sinne verführen. Fixieren Sie ihn quer durch den Raum, und berühren Sie das Tüchlein, das Sie „geborgt" haben, liebevoll. Er *muß* jetzt auf Sie zugehen; Sie warten ab – Sie haben ja den ersten Schritt getan. Sagen Sie, daß sein Anzug viel besser zu dem Tüchlein paßt als Ihr Kostüm (oder umgekehrt). Plau-

dern Sie ein bißchen. Wenn Sie ihn langweilig finden, tauschen Sie die Tüchlein wieder zurück, wenn er Ihren Erwartungen entspricht, sagen Sie: „Sie kriegen es zurück, wenn wir uns das nächstemal sehen!"

ALVARO

ZWEITES KAPITEL

Rendezvous, Romanzen und Verführung

Zu viele Männer? Es können gar nicht genug sein, Schätzchen. Legen Sie sich einen Harem von Begleitern zu, die alle auf ihren heißen kleinen Liebesengel warten: *vous*. Hmm. Im Idealfall bringt Sie die Monogamie in die höchsten Höhen, und Sie werden schließlich den einzigen Seelenverwandten finden ..., aber lassen Sie sich Zeit. Langsam!, lautet die Devise, wenn dauerhafte Liebe Ihr Ziel ist. Verabreden Sie sich bis zum Umfallen! Schließen Sie die Augen ... suchen Sie einen aus (okay, Augen offen lassen und einen aussuchen!). Verlieren Sie das Ziel Liebe nicht aus den Augen, warten Sie aber nach seinem ersten Anruf mit dem Auswechseln der Monogramme auf Ihren neuen Handtüchern noch ab. Heben Sie sich den Wird-er-der-Richtige-Sein?-Kanon für später auf, bis zum fünften Anruf zum Beispiel.

Es gibt so viele verschiedene Männer, mit denen Sie sich verabreden können! Welcher ist Ihr Typ? Was hab' ich da gehört? Alle? Gute Antwort! Seien Sie flexibel! Demokratisch! Verschiedene Arten von Männern kann man für verschiedene Zwecke im gesellschaftlichen Terminkalender unterbringen. Sehen Sie sich die folgende Tabelle an, mit deren Hilfe Sie die Typen einteilen können:

Mann/Beschreibung	Zweck
Momentaner Wahnsinn: Er ist der genau Falsche, aber im Augenblick genau der Richtige.	„Instant"-Befriedigung.
Notration: Ein Ex- oder Beinahe-Liebhaber, mit dem Sie eine nicht ausgelebte Romanze verbinden.	Rettung … aus welchem Zustand auch immer. Er ist Ihr Underdog-Held.
Armer Junge: Seine Taschen sind leer, aber in der Hose hat er doch etwas zu bieten.	Er lädt sich selbst bei Ihnen ein, zaubert ein Gourmetmenü aus den Resten im Kühlschrank und sieht sich *Ihre* Videos auf *Ihrem* Recorder an, während er Ihre niedlichen Füße massiert.
Der Reiche: Er wird Ihnen keine Tiara kaufen – eine große, funkelnde Krone tut's auch.	Das ist der einfachste Typ, der alles mitmacht. Nehmen Sie alle grandiosen Geschenke mit Begeisterung an – ohne Schuldgefühle, denn, wie Marilyn Monroe sagte, Reichtum bei einem Mann ist das gleiche wie Schönheit bei einer Frau.
Der Mann, der die Frauen zu sehr liebt: Wenn er stöhnt: „Du bist die einzige …", müssen Sie sich fragen, wie vielen anderen	Repräsentativ – der perfekte Begleiter für große Einladungen. Er besitzt einen eigenen Smoking, und es stört ihn

er das schon ins Ohr gemurmelt hat.

nicht, wenn Sie schamlos mit anderen Männern flirten.

Der „Du hier"-Typ: Er erinnert Sie an den einen, der nicht angebissen hat.

Ein Süßstoff ohne Nährwert, echter Zuckerersatz. Ein Lükkenbüßer – gehen Sie sanft mit ihm um.

Der Rebell und der Fremde in der Stadt: Sie wissen, daß Sie ihn nicht halten können, aber der Versuch reizt Sie.

Kurze, intensive, zauberhafte Liebesgeschichte: eine Generalprobe für die echte.

Sir Richtig: Sie lieben jeden seiner Fehler und Vorzüge.

Der richtige Mann zur richtigen Zeit.

Den „Falschen" gibt es nicht – glauben Sie mir. Ich habe alle ausprobiert und weiß, daß sie alle Liebesexperimente sind, Erfahrungen, aus denen man lernt (selbst wenn Sie dabei nur lernen, was Sie *nicht* wollen), gute Übungen. Ich habe sogar die Art Verabredungen überlebt, vor denen jede Frau sich zu Tode fürchtet:

Zum Beispiel dieses Blind Date: Natürlich hatte meine Mutter es arrangiert. Jede Mutter hat eine Freundin, die einen Sohn hat, der genau der Richtige ist. Er hieß Butch, und ich hatte die Aufgabe, ihn einen ganzen Nachmittag zu beschäftigen, während seine Mutti eine Überraschungsparty zu seinem Geburtstag vorbereitete. Es war eine Art moralische Verpflichtung – dem Geburtsagrument konnte ich mich einfach nicht widersetzen, also sagte ich: Okay.

Wir brachten das kleine Segelboot meiner Familie zum Strand, und es wurde der Folterörn des Jahres. Butch war anständig, ehrenhaft, studierte auf dem College – alles, was ein Teenager (ich) nicht suchte! Er war noch nicht mal braun. Ich versuchte dauernd, das Boot umzukippen, während ich Geschichten von Haifischen erzählte. Das schien ihn nicht weiter zu beeindrucken, also zog ich das „Ich muß zur Toilette"-Register und verlangte, ans Ufer gefahren zu werden, obwohl der ganze Ozean zur Verfügung stand. Siebzehnmal. Natürlich flirtete ich am Strand, wo die tollen Männer waren, schamlos, in der Hoffnung, jemand würde mich retten. Leider kam mir kein Lebensretter zu Hilfe, und Butch schleppte mich jedesmal wieder aufs Meer hinaus.

Die Party sollte um fünf Uhr nachmittags anfangen. Es war halb vier. Eine Stunde später schaute ich wieder auf die Uhr. Es war drei Uhr zweiunddreißig. Ich hatte endgültig die Nase voll und spielte seekrank. Es war als Überraschungsparty geplant, aber wer überrascht wurde, waren die Veranstalter. Als wir bei ihm zu Hause ankamen, brauchte meine beste Freundin – die ich als Notnagel eingeladen hatte – nur einen Blick auf Butch zu werfen, um sich Hals über Kopf in ihn zu verlieben.

Sie wollen wissen, was ich daraus gelernt habe? Daß das, was für die eine wie Schrott aussieht, der Traummann einer anderen ist. Jungs können – und sollten – recycled werden.

Dann war da mein Erlebnis mit Kleinanzeigen … Es klingelte an der Tür: meine Busenfreundin Janis. „Da werden dir die Augen tränen", sagte sie und reichte mir die Zeitschrift *New York,* die bei den Bekanntschaftsanzeigen aufgeschlagen war. Da stand es, mit fuchsienrotem Lippenstift eingekreist:

> **Dianne-Brill-Double gesucht** – von reichem, dynamischem u. kultiviertem Briten mit großen blauen Augen, der eine besonders kurvenreiche Frau braucht. NYM A885.

Das wollte ich selbstverständlich genauer wissen …, aber als Double. Ich engagierte den Hausmeister als Fotografen und ließ ihn Polaroids von mir machen. Dann schrieb ich einen charmanten Brief, legte die Fotos ins Kuvert und unterschrieb mit meiner mädchenhaftesten, kringeligsten Schrift als Sabina Kendall. Der Inserent rief mich an, und wir verabredeten uns in einem Teesalon.

Ich als Sabina Kendall.

Hello,
    I'm Sabina, I read your ad in N.Y. Mag, and am happy to say that I could be Ms. Brill's twin or so everyone tells me.

    I love England and especially Englishmen. Could we meet for tea?

    Please, call me and ask for Sabina Kendall. It would be great to get together as soon as possible.

    Hoping to see you soon,
    xoxo Sabina.

Ich mußte keine rote Nelke tragen – er erkannte mich sofort. Er sah nicht typisch englisch aus, bis auf ein etwas merkwürdiges, wahrscheinlich einst schick gewesenes Armani-Jackett aus weißer Seide (im Winter!). Wir plauderten, und nach einiger Zeit sagte er: „Sie sehen Dianne Brill wirklich ungeheuer ähnlich!" Ich dankte ihm für das Kompliment. „Aber", fuhr er fort, „ich habe eine Lady kennengelernt, die ihre Zwillingsschwester sein könnte. Deshalb hoffe ich, daß Sie verstehen ...", und er fing an zu stottern. Man stelle sich vor: *Ich* bekam einen Korb, weil ich Dianne Brill nicht ähnlich genug sah! Ich ging, geschmeichelt von seinen Komplimenten um zwei Ecken, aber auch ein bißchen traurig: Sein Jackett war mir direkt ans Herz gewachsen.

Jetzt wissen Sie, was ich meine, wenn ich sage: Es gibt kein überflüssiges Rendezvous. Besonders nicht, wenn man die Regeln beherrscht. Und Sie machen Ihre eigenen Regeln.

Glücklicherweise sind die meisten Regeln für Rendezvous so elastisch wie ein neuer Strapshalter – und man kann sie beliebig dehnen. Angenommen, Sie stellen fest, daß Sie bereits fünfzehn Sekunden, nachdem Ihnen ein TT begegnet ist, vor Sehnsucht das große Zittern haben und finden, jetzt wäre genau der richtige Zeitpunkt, um mit ihm ins Bett zu gehen. Vielleicht ist es tatsächlich der richtige Zeitpunkt – wenn er ein Rebell ist und Sie sich wie eine Rebellin fühlen, die hoffentlich mit Kondomen bewaffnet ist. Aber bedenken Sie: Wenn Sie der Meinung sind, dieser TT könnte Sir Richtig sein, dann wird Sex nach fünfzehn Sekunden Ihre Chancen, das herauszufinden, wesentlich schmälern.

Seien wir doch mal ehrlich: Männer verlieben sich in Frauen, die sie sexuell anziehend finden, während Frauen den sexuell anziehend finden, in den sie verliebt sind. Außerdem begehren Männer gern. Da ist eine Dichotomie am Werk: Sie versuchen, Sie so schnell wie möglich ins Bett zu locken, wollen aber gleichzeitig das Gefühl haben, daß Sie schwer rumzukriegen sind.

Höchstwahrscheinlich wird er versuchen, Sie beim dritten Rendezvous ins Bett zu kriegen. Sie müssen sich wehren. Wenn er dann seinen Stolz überwindet (mit anderen Worten, wenn er Sie um eine neue Verabredung bittet, obwohl Sie ihn abgewiesen haben), wissen Sie, daß der Grundstein für Vertrauen gelegt ist. Und wenn Sie dann in seinem Bett aufwachen, dann weil Sie dorthin *gehören*.

Es gibt noch einen Grund, weshalb Sie Ihre Lust bezähmen müssen, bis Sie fast explodieren. Sie wissen, daß er Sie begehrt. (Sehen Sie ihm in die Augen: Geweitete Pupillen? Eine Art pulsierendes, fiebriges Starren? Jawohl! Sie haben ihn.) Aber Sie brauchen Zeit, um herauszufinden, ob *Sie ihn* wollen. Denken Sie daran: Alles, was wirklich begehrenswert ist, ist auch wert, daß man drauf wartet.

Und je länger Sie warten, desto mächtiger wird Ihre Position. Und Macht ist das A und O im großen Rendezvous-Zirkus, Schätzchen. Kein Mann will eine Frau, mit der er den Fußboden aufwischen kann, genausowenig, wie Frauen solche Männer schätzen. Vergessen Sie nicht den Unterschied zwischen *Begehren* (o ja!) und Brauchen (niemals, niemals – zumindest nicht am Anfang!). Er will herausgefordert, inspiriert, gereizt, sogar hereingelegt werden.

Macht schützt Ihr zartes Herz – Femmes fatales sind auch nicht unfehlbar. Ich plädiere zwar immer für Risikofreudigkeit, aber gebrochene Herzen sollten meiner Meinung nach um jeden Preis vermieden werden. Wenn Sie zu früh zuviel geben, ist das ein Freibrief für den Mann, sich auf Ihren wild schlagenden Leidenschaftspumper zu stürzen. Kurzum, wenn Sie wirklich auf Liebe aus sind, lautet die Devise: Hinhalten!

Das vierte Treffen mit Ihrem Traummann ist bereits kein schlichtes Rendezvous mehr. Sie haben – Tusch bitte – eine knospende Beziehung. Aber das Geheimnis, wie man diesen Punkt erreicht, besteht darin, ihm pausenlos den Kopf zu verdrehen. Jedes Treffen, jedes freche Flirttelefongespräch ist ein neuer Anlaß, ihm wieder ein Stückchen seines Herzens zu stehlen. Rendezvous sind wesentlich mehr als nur Gelegenheiten, Ihre neuen Kleider auszuführen oder Ihre exquisiten Tischmanieren auszuprobieren. Bei Ihren Verabredungen machen Sie ihn zum Ihren. Jede Verabredung ist die große Verführungsnummer. Erregen, verlocken, verführen, entzücken Sie ihn – alles für das eine glorreiche Ziel! Um zu gewährleisten, daß Sie dieses Ziel erreichen, sollten Sie Schritt für Schritt die ersten und wichtigsten vier Rendezvous an meiner Hand durchexerzieren.

DAS ERSTE RENDEZVOUS

Endlich! Er hat angerufen! (Sie haben sich Samstag abend kennengelernt, und es ist erst Dienstag, aber Sie saßen neben dem Telefon und haben sich den Lack von den Nägeln gekaut vor Sorge, er könnte Ihre Telefonnummer verloren haben oder Ihre Vierer würden wie Neuner aussehen.) Ha! Natürlich ruft er an!

Das erste Rendezvous ist das wichtigste, weil dabei das Prozedere für alle übrigen festgelegt wird. Außerdem ist es dasjenige, vor dem Sie beide am meisten Lampenfieber haben.

Vermeiden Sie einen Reinfall, indem Sie die richtige Lokalität aufsuchen. Es ist immer ein Beweis, daß ein Typ ein TT ist, wenn er einen Plan hat: Er hat reserviert, Karten für irgendeine Veranstaltung usw. usf. Auf jeden Fall können Sie mit Gewißheit sagen, daß der Typ nicht ins *Guiness-Buch der tollsten Männer* kommt, wenn er in schlampiger Aufmachung bei Ihnen erscheint und murmelt: „Und was sollen wir heute abend machen?"

Die Mehrzahl der Männer macht einen Kompromiß und fragt im voraus, wie Sie den Abend gerne verbringen würden. Essen gehen ist normalerweise gut für ein erstes Rendezvous: Es bringt Nähe, muß nicht teuer sein und erlaubt Unterhaltung. Aber es gibt einige Richtlinien. Die wichtigste: Suchen Sie ein Restaurant mit sanfter Beleuchtung aus (sollte eine kleine Kerze auf Ihrem Tisch brennen, schieben Sie sie unauffällig weg von Ihrem Gesicht, Beleuchtung von unten läßt Sie aussehen wie eine Horrorfilmstatistin!). Es ist von Vorteil, ein Lokal aufzusuchen, das Sie kennen und mögen – die Kellner kennen Sie und werden Sie gut bedienen. Zu familiär sollte es dort aber nicht zugehen – „He, Dianne, du siehst umwerfend aus – ist das Johnny?", wenn Ihr Begleiter Christoph heißt, ist garantiert ein Stimmungstöter.

Okay, Sie sitzen sich also gegenüber. Worüber werden Sie sich unterhalten? Vermeiden Sie langweilige Dinge wie zum Beispiel, womit er sein Geld verdient (auch wenn Sie hinter ihm her sind; eine gute Goldgräberin ist immer taktvoll und holt sich die Informationen über seine Steuerklasse mit subtileren Mitteln!). Im Anfangsstadium des Rendezvousgeplauders sollten Sie die perfekte Verschwörung inszenieren: nur Sie beide auf einer Seite, alle anderen auf der anderen. Sagen Sie zum Beispiel zu ihm: „Wenn wir beide jetzt die einzigen in diesem Zimmer wären, die sich frei bewegen könnten, was würden Sie dann als erstes tun? A: Allen Frauen die Röcke hochheben? B: Den Dessertwagen überfallen? C: Etwas Kriminelles tun wie der Blondine am Tisch hinter uns die Diamantohrringe abnehmen?" Wenn er ein echter TT ist, wird er C wählen.

Dieses Spielchen ist ein hervorragender Eisbrecher. Mit vorrückender Stunde sollten Sie das Gespräch auf eine persönlichere Basis lenken und sich auf das wichtigste Thema konzentrieren: *Ihn.* Stellen Sie ihm viele Fragen. Formulieren Sie sie romantisch, intim, persönlich, und streuen Sie ein paar gezielte Komplimente ein. Hier ein paar Beispiele: Verraten Sie mir doch ein Geheimnis. Sie sehen aus wie ein Mann, der viele hat. Sprechen Sie über den Ozean in einer dunklen, warmen Nacht, wenn die Wogen *schwellen* und *sich brechen, schwellen* und sich *brechen,* wie vor einem Sturm, wenn der Himmel sich violett verfärbt ... und dann diese plötzliche Stille ... und Sie wissen, daß die Welt sich einfach ... öffnen wird! Dann nippen Sie elegant an Ihrem Drink und fragen ihn: „Haben Sie schon mal einen richtigen Sturm miterlebt? Einen Tornado? Wie hat der ausgesehen? Was für ein Gefühl hat das bei Ihnen ausgelöst?" Ihre Fragen sollten provozierend sein und ihn neugierig machen und nicht mit ja oder nein beantwortet werden können.

Achten Sie auf Wörter oder Phrasen, die verraten, aus welcher Ecke er kommen könnte. Bitten Sie ihn, ihre Bedeutung zu erklären. Bemerken Sie, wie interessant sie sind oder daß seine Stimme oder sein Akzent magnetische Wirkung auf Sie hat. Setzen Sie Ihre Fragen und Antworten so ein, daß sie ihm schmeicheln.

Die Komplimente für Ihren Begleiter sind entscheidend. Ich glaube, kein Mensch kann genug Komplimente kriegen – Männer schon gar nicht –, also los, schmeicheln Sie! Dabei ist das *Wie* entscheidend. Er will, daß Sie ehrlich sind. Sie wollen doch nicht, daß er sagt: „Ich wette, das sagen Sie zu allen!" Denken Sie in Kursivschrift! Wählen Sie Ihre Wörter sorgfältig.

Unterschätzen Sie nicht die Intensität Ihres Blicks, die Art, wie Sie ihm in die Augen sehen, wenn Sie ein Kompliment machen. Vermeiden Sie Offensichtliches. Sagen Sie nicht: „Schöne Krawatte", sondern: „Wirklich erstaunlich, wie die kleinen Bernsteinflecken in Ihren Augen bei dieser Beleuchtung funkeln." Suchen Sie nach seinen einmaligen Merkmalen – sein schiefes Lächeln oder die Runzeln auf seiner Stirn, wenn er sich konzentriert –, und erwähnen Sie sie.

Die vielen Komplimente, die Sie ihm machen, zwingen ihn, die Schmeicheleien zu erwidern. Sie müssen ein Kompliment annehmen können. Wenn ein Mann sagt: „Sie sind schön", erwidern nur alberne Mädchen: „Nein, das bin ich wirklich nicht. Meine Augen stehen zu eng beisammen, meine Nase ist einen halben Millimeter zu lang, das Muttermal auf meiner Backe würde auf meiner Unterlippe viel besser aussehen ..." Eine solche Liste Ihrer Fehler wird jeden TT verlegen machen, und er sieht Sie womöglich in anderem (gräßlichem!) Licht. Am besten nimmt man ein Kompliment nach einer kurzen Pause an. Sie lächeln offen und ehrlich, ein einfaches Danke genügt.

Sie fragen sich vielleicht, ob es einen Unterschied zwischen Konversation und einem Austausch von Dialogen gibt. Ich denke schon, denn Gespräche sind spontan, Dialoge eingeübt. Einige Sprüche sind überstrapaziert und mißbraucht worden. Die besten sind Originale und beziehen sich speziell auf Sie. Und vergessen Sie nie: *Männer sagen in ihrem jugendlichen Überschwang alles, um jemanden ins Bett zu kriegen!*

Sprüche, von denen Ihnen schwindlig wird: „Du bist eine mythische Statue und trotzdem so warm, so real – in deinem Inneren. Ich habe das große Los gezogen. Du bist mein Wunschtraum, meine Venus, meine Nemesis. Es spielt keine Rolle, was du heute abend trägst: kein Strich, kein Faden könnte dich schöner machen, als du in meinen Augen im Augenblick bist."

Sprüche, die sofort eine Migräne auslösen: „Die Art, wie du deine Zigarette rauchst, macht mich eifersüchtig. Ich bin ein Mann, der nur eine Frau braucht – eine auf einmal. Ich bin ein Mann, ich weiß, was ein Mann will, und dieser Mann will dich in was Nettem, Engem sehen! Es spielt keine Rolle, was du heute abend anhast – lange wirst du es sowieso nicht anhaben."

Manchmal sagen Handlungen mehr als Worte, Schätzchen! Ein echter TT erzählte mir von einem Mädchen, mit dem er sich verabredet hatte – nur ein einziges Mal –, und obwohl er die Konversation praktisch alleine bestritt, erwischte er sie immer wieder dabei, wie sie sich im Spiegel hinter ihm bewunderte.

Kleine sexy Gesten sind äußerst wirksam: zum Beispiel die Augenbraue heben (immer vielversprechend, vielleicht sogar verführerisch) oder das Haar zurückwerfen (sexy und frech). Berühren Sie sich – nein, nicht da. Überall sonst. Streichen Sie mit den Fingern über Ihre weichen Wangen, zeichnen Sie langsam eine Acht auf Ihrem Knie, tun Sie so, als würden Sie Ihren Gürtel oder Ihre Bluse zurechtziehen, und biegen Sie dabei die Schultern nach hinten. Dadurch erzeugen Sie bei ihm das Bedürfnis, Sie zu berühren. Es ist auch schön, ihn zu berühren, während Sie plaudern, wenn Sie etwas betonen und Ihr Interesse unterstreichen wollen. Streichen Sie einfach mit der Hand über seinen Arm, oder legen Sie sie ihm auf den Arm – das reißt Schranken ein.

Es wird sicher einige Gesprächspausen geben, die für beide unbehaglich sind. Versuchen Sie den Haarbürstentrick (siehe nächste Seite).

Benutzen Sie Ihre Phantasie, und erfinden Sie eigene Tricks, um die Schweigepausen mit Flirtspaß zu überbrücken!

Angenommen, Sie haben sich gut amüsiert; jetzt kommt der Au-

DER HAARBÜRSTENTRICK

Nehmen Sie Ihre Haarbürste aus der Handtasche, und lassen Sie sie „aus Versehen" auf den Boden des Wagens fallen. Stellen Sie den Fuß drauf, und tasten Sie nach ihr, wobei Sie zu ihm hochschauen. Sagen Sie: „Hoppla! Vielleicht sitz' ich drauf." Heben Sie Ihren Po, und tasten Sie den Sitz ab. Immer noch kein Glück! Wenn Sie an einer Ampel halten, bitten Sie ihn, Ihnen suchen zu helfen. Und wie durch Zauberhand taucht die Bürste auf! Danken Sie ihm für seine Hilfe, dann lassen Sie die Bürste genau vor ihn fallen, und sagen Sie lachend: „Hoppla, schon wieder verloren!"

genblick der Wahrheit: der erste Gutenachtkuß, der sehr wichtig ist. Vergessen Sie nicht: Die Augen mögen zwar der Spiegel der Seele sein, aber der Mund ist das Fenster des Herzens. Wenn Sie das Gesicht dieses Mannes nie, nie wiedersehen wollen, winken Sie ihm zum Abschied höflich zu und verschwinden Sie sofort! Kußlos.

Sollte da aber ein potentielles Was-auch-Immer sein, muß Ihr Kuß voller Versprechungen sein. Bereiten Sie sich eine halbe Stunde vorher auf den Gutenachtkuß vor. Nippen Sie ein bißchen Wein oder Wasser und, wenn er gerade wegschaut, einen Schuß Atemspray (falls Sie dazu keine Gelegenheit haben, bieten Sie ihm ein Minzbonbon an, und essen Sie selbst auch eins). Sie sollten das unbedingt fünfzehn Minuten vorher tun, denn er will nicht den goldenen Tropfen Retsina schmecken, sondern Ihren Mund.

Wenn er Sie nach Hause fährt, beugen Sie sich zu seinem Rückspiegel vor (vergessen Sie den in der Sonnenblende auf Ihrer Seite!). Starren Sie Ihre Lippen an, und entfernen Sie überflüssigen Lippenstift aus den Mundwinkeln. Kein offensichtliches Lecken oder Schmollen. Lassen Sie Ihren Blick zu ihm wandern, mustern Sie ihn aus dem Augenwinkel; jetzt lehnen Sie sich wieder zurück, etwas näher bei ihm als vorher. (Wenn Sie im Taxi fahren, müssen Sie mit der Puderdose improvisieren.)

Vor Ihrer Tür erzählen Sie ihm, wie herrlich es *mit ihm* war. Schlagen Sie die Augen nieder, schauen Sie dann wieder zu ihm hoch. Sie müssen sich von *ihm* küssen lassen, nicht umgekehrt. Machen Sie es ruhig spannend. Dehnen Sie es solange wie möglich aus, dann sehen Sie ihm in die Augen, und lassen Sie sich küssen. Ich sage nur: Sie können ruhig wollüstig sein, solange Sie die Zügel halten.

☎ Telefonknigge zwischen erstem und zweitem Rendezvous

Wir alle wissen, wie wichtig die Anrufe eines Mannes sind. Zum Beispiel, wenn Alberto innerhalb einer halben Stunde dreimal aus Rom anruft. Sie denken: „Er hat mich heute dreimal angerufen!" und nicht: „Zweimal hat man uns auch aus der Leitung geworfen." Wenn Sie also auch noch so versucht sind, ihn anzurufen ... Hände weg von der Wählscheibe. Es ist im allgemeinen besser, wenn er Sie zuerst anruft, um Ihnen für Ihre anregende Gesellschaft zu danken.

Vielleicht patrouillieren Sie ums Telefon, seit Sie nach Hause gekommen sind, aber wollen Sie ihm das etwa auf die Nase binden? Die beste Reaktion auf seinen ersten Anruf nach dem ersten Treffen sollte herzlich sein – vielleicht sogar warm. Niemals kühl (wenn Sie *zu* kühl reagieren, sind Sie die Gelackmeierte!) oder zu überschwenglich.

Es kann passieren, daß Sie seinen Anruf verpassen. Er wird eine Nachricht auf Ihren Anrufbeantworter hinterlassen, und egal ob er Sie um eine neue Verabredung bittet oder nicht, rufen Sie zurück! Das kann in ein ewiges Hin und Her zwischen zwei Maschinen ausarten, aber sogar das kann Spaß machen. Wenn Sie ihm eine Nachricht hinterlassen, sollte Ihre Stimme freundlich und gutgelaunt klingen. Die Nachricht sollte kurz sein und den Eindruck hinterlassen, daß Sie ein Geheimnis verbergen, das er unbedingt entdecken muß. Sagen Sie nie: „Hallo,

---

KUSSDETEKTOR

Wie man beim Küssen merkt, daß *er* vielleicht nicht der Richtige für Sie ist:
Sie küssen ihn und mögen nicht, wie er schmeckt. Umarmen Sie ihn, und schnuppern Sie an der Stelle direkt hinter seinem Ohr. Mögen Sie seinen Geruch nicht? Mag sein, daß er nicht gern badet oder zuviel Eau de Cologne genommen hat, aber meist heißt das, daß Sie sexuell nicht zueinanderpassen ... oder noch nicht. Schreiben Sie ihn nicht gleich ab, aber das Signal sollte eine Warnung sein.

ich bin's!", außer Sie waren mit diesem Mann schon einmal verlobt oder verheiratet! Hinterlassen Sie ruhig Ihre Nachricht mit leicht ausländischem Akzent.

Natürlich können Sie nie genau wissen, *wann* er zurückrufen wird, deshalb bitte immer den Teleschnurrer einschalten, wenn Sie den Hörer abnehmen (siehe rechts).

♥ DAS ZWEITE RENDEZVOUS

Wie sieht der Schlachtplan dafür aus? Das ist das Rendezvous, bei dem Sie den Typen, nach dem Sie verrückt sind, an den Haken kriegen oder dem, an dem Sie Zweifel haben, noch eine zweite Chance geben. Jetzt ist der Zeitpunkt, wo Sie sich genau anhören, was er sagt, und anfangen, ein bißchen tiefer zu bohren. Viele Frauen machen den Fehler, das, was Männer sagen, zugrunde zu analysieren. Normalerweise meint er „Hallo", wenn er hallo sagt. Aber ein bißchen Analyse kann nicht schaden. Konsultieren Sie die untenstehende Tabelle.

DEKODIERUNGSHILFEN FÜR DAS ZWEITE RENDEZVOUS

Er sagt	Er meint
Hast Du einen Freund?	Ich habe eine Freundin.
Oh, dein CD-Player muß angeschlossen werden?	Endlich werde ich mit ihr in ihrer Wohnung allein sein!
Trägst Du Deine Haare immer hochgesteckt?	Ich wünschte, sie würde die Haare offen tragen.
Sind die Schuhe neu?	Ich hoffe, sie hat diese sexy Stilettos extra für mich gekauft.
Hast du einen Wecker?	Kann ich heute abend mit dir ins Bett hopsen?

Teleschnurren

Wenn Sie das Telefon klingeln hören, halten Sie sofort die Luft an. Lassen Sie es zwei-, dreimal klingeln (je nach Lungenkapazität). Dann nehmen Sie den Hörer ab, atmen Sie langsam aus und lächeln Sie (er kann Ihren Gesichtsausdruck hören). Drücken Sie Ihre Lippen an die Muschel, und sagen Sie leise und langsam, damit es ihm durch Mark und Bein geht: „Halllloooo."

Nach diesem „Hallllloooo" sagen Sie ihm, es wäre toll, seine Stimme zu hören. Einen Erstanrufer muß man immer ermutigen. Vermitteln Sie ihm den Eindruck, Sie wären schrecklich beschäftigt, aber es gäbe trotzdem im Augenblick nichts Wichtigeres, als mit ihm zu reden. Da können Sie Ihre Wartetaste am besten ausnützen (jede Sexgöttin muß diese Taste haben!). Männer müssen immer glauben, daß ein anderer Sie begehrt, das macht Sie noch begehrenswerter. Selbst wenn keine Anrufe hereinkommen, tun Sie so, als würden Sie während des Gesprächs zweimal angepiepst. Bei der ersten Unterbrechung sagen Sie: „Oh,

ein Anruf", den Sie ignorieren, bis Sie einen zweiten Piepser kriegen (oder so tun, als ob). Dann stellen Sie ihm eine intime Frage, aber bevor er antworten kann, sagen Sie: „Ich muß diesen Anruf annehmen, aber ich bin gleich wieder da, das verspreche ich!" Jede andere Unterbrechung (ob echt oder vorgetäuscht) sollte ignoriert werden. Lassen Sie ihn merken, daß Sie einen Anruf bekommen haben, aber lieber mit ihm weiterreden. Auf jeden Fall müssen Sie während des ganzen Anrufs fröhlich und positiv klingen, um eine sichere Basis zu schaffen, damit er Sie um eine zweite Verabredung bitten kann. Tut er das nicht, dann nur, weil er verschüchtert ist, so daß es Ihnen freisteht zu sagen: „Ich würde so gern Ihr wunderbares Gesicht wiedersehen!" Dann übernehmen Sie die Führung, Schätzchen, und sagen: „Gehen wir doch Donnerstag abend ins" – hier fügen Sie ihr Lieblingslokal ein –, „haben Sie Lust?" Sie wissen, daß er Lust *auf Sie* hat!

Manchmal, leider, leider, kommen Sie nach dem zweiten Rendezvous zu der Einsicht, daß dieser Typ hier und jetzt nicht der Richtige für Sie ist. Aber Sie dürfen unter keinen Umständen alle Brücken hinter sich abbrechen – vielleicht plant er eine tolle Party, zu der er Sie einladen will, oder er hat einen umwerfenden Cousin, den er Ihnen vorstellen kann. Hier sind einige Beispiele dafür, wie man Begleiter auf Distanz hält:

1 Sie sollten nie leere Hände haben – er könnte versuchen, Sie zu halten. Spielen Sie ständig mit Ihren Armbändern, Ihren Ringen, den Eßutensilien, Grissini, der Speisekarte, dem Kellner, mit allem, was Ihnen in die Finger kommt.
2 Immer lächeln, wenn Sie nein sagen.
3 Seien Sie förmlich, nicht vertraulich.
4 Vermeiden Sie lange Schweigepausen, damit er nicht glaubt, Sie warteten auf seinen Kuß.
5 Gähnen Sie wiederholt – erzählen Sie, Sie hätten ein Erkältungsmittel genommen und müßten schlafen gehen.
6 Sagen Sie am Ende des Rendezvous bestimmt, aber höflich: „Es war sehr nett, Sie *kennenzulernen.* Adieu!"
7 Arrangieren Sie, daß eine Freundin „zufällig" an Ihrem Tisch im Restaurant vorbeikommt, und bitten Sie sie, sich zu Ihnen zu setzen. Sprechen Sie vorher einige Codewörter ab, damit sie weiß, daß sie Sie retten muß: Goldfisch heißt zum Beispiel: tolle Verabredung, hau ab; Haifisch bedeutet: Hilfe! In diesem Augenblick wird Ihrer Freundin einfallen, daß sie den Wohnungsschlüssel verloren hat und bei Ihnen übernachten muß.

∅ Telefonknigge zwischen zweitem und drittem Rendezvous

Nach dem zweiten Rendezvous werden die Telefonate schon wesentlich kuscheliger. Am lustigsten ist es, aus der Wanne zu plaudern. Selbst wenn Sie sich gerade angezogen haben: Zurück in den Schaum, Schätzchen. Was soll das heißen: Ihre Leitung reicht nicht bis in die Wanne? Kaufen Sie sich eine neue! Der Badeanruf ist ein wichtiger Bestandteil des Liebesgöttinnenalltags. Teleschnurren Sie „Hallllloooo" in sein Ohr und fragen Sie: „Es stört dich hoffentlich nicht, wenn ich aus der Wanne anrufe? Ich hatte plötzlich einfach Lust, dich anzurufen." Sorgen Sie für reichlich Geräuscheffekte: Wasser an- und abdrehen, fröhliches Plantschen im Schaum. Egal, wie Sie gerade aussehen (Schlammaske, Duschhaube und Hornhautcreme), Sie werden das richtige Bild von sich heraufbeschwören, das vom Hollywood-Glamour-Sex-Kätzchen. Lassen Sie ihn am ganzen Bad teilhaben bis zum Abtrocknen und Eincremen mit Ihrer parfümierten Lieblingsbodylotion.

♥ DAS DRITTE RENDEZVOUS

Das ist das schwierigste von allen. Inzwischen gehen Sie schon fast die Wände hoch vor lauter Verliebtheit. Sie kriegen dieses wunderbare, gefährliche, besondere, schmerzvolle Sehnsuchtsgefühl, jedesmal wenn Sie an ihn denken – und Sie denken ständig an ihn. Sie sind so wild auf ihn, daß Sie in einem wunderschönen Nebel leben, einer Wolke von strahlender Wärme, die Sie total überwältigt. Ihr TT hat etwas in Ihnen geweckt, und obwohl er das eigentliche Objekt Ihrer Begierde ist, stellen Sie fest, daß Sie die verrücktesten Phantasien um alles auch nur entfernt Männliche spinnen, was Ihren Weg kreuzt.

Sie müssen sich beherrschen, obwohl Sie das Gefühl haben, daß höchstens ein Keuschheitsgürtel Sie daran hindern könnte, sich ihm hinzugeben. Bis jetzt ist er geduldig und brav gewesen, aber heute abend, das wissen Sie, wird er alle Register ziehen und alles aus seiner Böse-Buben-Trickkiste holen. Für ihn ist es jetzt höchste Zeit, seinen Willen durchzusetzen, was für einen Mann genauso zum Leben gehört wie ein feuchter Traum oder die Morgenlatte.

Wäre es nicht wunderbar, wenn Sie mich in Ihrer Handtasche mitnehmen könnten wie eine persönliche Liebesfee, damit Ihre Willenskraft – oder das, was ich Brill-Power nenne – Sie während diesem schicksalhaften, erregenden dritten Rendezvous nicht im Stich läßt? Aber ich habe etwas für Sie, was fast genauso gut ist, ein Skript für das Traumrendezvous – nur er, Sie und ich:

Fairy Godbabe

Erste Szene: Ihr Toilettentisch

SIE: Was soll ich bloß tun? Er ist so hinreißend, so gewandt, so sexy! Ich weiß, daß ich es nicht schaffe, ihm zu widerstehen! Oh, hilf mir, gute Liebesfee!

FEE: Entspann dich, Göttinnennovizin. Du hast dich fünfeinhalb Stunden lang hergerichtet ..., er wird Wachs in deinen hübschen kleinen Händen sein! Du darfst nur nicht deinen Keuschheitsgürtel vergessen!

(*Es klingelt!*)

SIE UND FEE (*im Chor*): Er ist da!

SIE: Was soll ich sagen?

FEE: Nichts. Öffne die Tür und schmachte ihn an, bis er dich küßt!

(*Kuß! Kuß! Kuuuussss ...*)

FEE: Hm, hm. Wenn ein Rendezvous so hitzig anfängt, solltest du wohl besser den Schlüssel zu deinem Keuschheitsgürtel abgeben. Nein, nicht *ihm,* mir.

ER (*erstaunt*): Liebling! Du siehst ja noch schöner aus als das letzte Mal. Ist das wirklich erst achtundvierzig Stunden her?

SIE: Danke, mein Lieber. Das ist alles nur für dich.

(*Dann treten Sie ein Stück zurück und mustern ihn von Kopf bis Fuß.*)

SIE: M-m-m-m. Gut. Sehr sehr gut!

ER: Ich bin froh, daß ich ein Auto mit Chauffeur gemietet habe.

Ich werde nur Augen für dich haben.

∗

Zweite Szene: In der Limousine

(*Sie sinken in seine Arme, ein endloser Kuß folgt.*)

ER: Oje, ich hab' ... etwas Wichtiges zu Hause vergessen. Es dauert nur eine Minute.

SIE: Keuch!

FEE (*ermunternd*): Keine Sorge! Das packst du! Ich meine, damit wirst du fertig!

∗

Dritte Szene: Seine Wohnung

ER (*geht in die Küche*): Ich mach' uns einen Cocktail.

FEE: Super. Jetzt hast du Gelegenheit, seinen Kleiderschrank zu inspizieren. Ein Buch läßt sich nicht nach dem Titel beurteilen, aber ein Mann sehr wohl nach seinem Schrank!

SIE: Uuuh! Baumwolle und Kaschmir ...

FEE: Gutes Zeichen. Aber was haben wir denn da? Schuhspanner? Sandalen? Iiii, Schuhspanner in Sandalen!

SIE: Oje! Er kommt!

FEE: Nein, noch nicht! Schnell, rüber zum Fenster. Deine Figur gibt eine wunderbare Silhouette ab.

ER (*reicht Ihnen ein Glas*): Auf dich!

FEE: Dreh ihm den Rücken zu,

proste ihm zu, heb das Glas mit der linken Hand und sieh dabei über die Schulter. Laß deinen Blick nach unten schweifen, ganz nach unten, und dann wieder hoch zu seinem wunderbaren Gesicht.

SIE (*befolgt Fees Anweisung minutiös*): Auf dich und deine phantastischen Schultern, Traummann!

(*Sie nippen, stellen die Gläser auf den Couchtisch. Er nimmt Sie in die Arme.*)

FEE: Du mußt etwas flüstern, um ihn abzulenken!

SIE: Ich schmelze dahin. Nein! Ich meine, mein Eis schmilzt!

(*Er geht die Drinks auffrischen.*)

FEE: Langsam kapierst du, Schätzchen! Leg jetzt die letzten drei Songs der Platte aus seiner Sammlung auf, die am sexysten klingt.

(*Er kommt zurück. Sie tanzen … eng … enger … ganz eng. Er bugsiert Sie zum Sofa.*)

SIE (*nach einigen langen Küssen*): Oh, ich liebe … diese Musik!

FEE: Die Lieder sind zu Ende, Schätzchen!

SIE: Würdest du bitte die Platte umdrehen?

FEE: Guter Schachzug!

SIE: Oh, gute Liebesfee! Bei solchen Küssen bin ich bereit, ihm die Sandalen *und* die Schuhspanner zu verzeihen!

FEE: Sandalen sind unverzeihlich! Aber ich glaube, ich habe ein Paar Motorradstiefel hinten im Schrank gesehen; vielleicht ist der Fall nicht ganz hoffnungslos.

SIE: Ich glaube, ich kann mich nicht mehr lange beherrschen!

FEE: Es ist wie beim Fechten: Verführen und zurückziehen, verführen und zurückziehen, verführen, verführen, touché!

(*Er kommt zurück, setzt sich neben Sie.*)

FEE (*zischt Ihnen zu*): Knutsch ihn in die Polster! Laß ihn *fühlen*, was du in dem Moment denkst, in dem sich eure Lippen berühren! Sei Göttin! Jetzt leg deine Hände auf seine Brust. Zieh ihn zu dir. Schau auf seinen Mund, dann in seine Augen. Schieb ihn weg! Lächle dein teuflisches Kätzchenlächeln. Er ist ein bißchen zerzaust, aber völlig gebannt. (*Sie nehmen mit zwei Fingern einen Eiswürfel aus Ihrem Glas und lecken daran.*)

SIE: Ich bin am Verhungern!

FEE: Und außerdem auf dich allein gestellt!

SIE: Nein!

ER: Du bist *nicht* am Verhungern?

FEE: Nur nicht nervös werden. Im Restaurant bist du sicher, und später komm' ich wieder. Ich muß mich jetzt mit dem Schrankdilemma beschäftigen. Vielleicht hat die Putzfrau die Spanner in die Sandalen getan. Vielleicht waren die Sandalen ein häßliches Geschenk von seiner kleinen Schwester – hat er kleine Schwestern?

✳

Vierte Szene: Vor Ihrer Tür

FEE: Wie war dein Essen?

SIE (*verträumt*): Essen?

FEE: So gut?

ER: Schatz, gegessen haben wir schon. Aber ich hätte nichts dagegen, noch auf einen … Nachtisch mitzukommen. (*Er küßt Sie.*) Etwas Süßes …

SIE: Oh, ich würde dich gerne reinbitten, aber ich habe jedes Interesse an Schokolade verloren, seit ich dich kenne. Ich fürchte, ich hab' gar nichts im Haus. (*Sie erwidern seinen Kuß.*)

FEE: Okay, an dieser Stelle sagt er, er sei auch mit einer Tasse Kaffee zufrieden.

ER: Etwas Süßeres als dich braucht kein Mann. Wie wär's mit einer Tasse Kaffee?

SIE: Kaum zu glauben!

ER (*streicht zärtlich mit den Händen durch Ihre Frisur, knetet behutsam Ihren Nacken*): Heißt das ja?

SIE: Schön wär's. Aber leider nein … Liebster.

FEE: Küß ihn schnell! Fest!

Er (*stöhnt*): Du ahnst nicht, was du mir antust!

SIE (*schnurrt*): Glaubst du?

ER: Ich hätte wirklich gerne eine Tasse Kaffee.

SIE: Natürlich, Schatz. Warte hier, ich bring' sie dir runter!

FEE: Das Versprechen mußt du mit einem Kuß besiegeln!

ER: Wie bitte?

SIE: Ich kann dir doch nicht einfach eine Tasse Kaffee verweigern. Ich hab' einen köstlichen (*Kuß*), französischen (*Kuß*), ganz frisch gebrannt.

ER: Ist schon okay. Wenn ich ohne dich leben kann, kann ich auch auf den Kaffee verzichten.

(*Nach einigen weiteren Umarmungen befreien Sie sich und beginnen die Treppe hochzuschweben. Sie bleiben an der obersten Stufe stehen, drehen sich um, stellen fest, daß er Ihnen immer noch nachstarrt, und werfen ihm einen letzten Gutenachtkuß zu.*)

FEE: Warte! Sieh dir das an! Er reicht dir seine Krawatte!

ER: Wenn du schon nicht mit mir schlafen willst, dann schlaf damit und denk an mich.

FEE: Mmm. Er hat Stil! Küß die Krawatte, drück sie an deinen Busen, geh allein in deine Wohnung und mach die Tür zu. Gute Nacht.

⌀ Telefonknigge zwischen drittem und viertem Rendezvous

Im allerbesten Fall wird Ihr TT zur nächsten Telefonzelle rennen, und Sie hören es klingeln, wenn Sie Ihre Wohnung betreten. Wenn nicht, geben Sie ihm einen Tag Zeit. Zwei, wenn Sie's ertragen können. Aber Sie müssen sich darüber im klaren sein, daß er jetzt möglicherweise ein ziemlich verwirrter Zwölfjähriger ist. Er weiß vielleicht nicht, welches Spiel Sie spielen. Er denkt vielleicht, Sie spielten nicht fair oder, noch schlimmer, daß Sie ihn sexuell gar nicht begehren. Schließlich hat er alle Ihre Absagen durchgestanden und sich nicht durchsetzen können. Unter Umständen müssen *Sie ihn* anrufen und ihn wissen lassen, daß Sie ihn genauso begehren wie er Sie.

Sie haben zwei Möglichkeiten. Sind Sie feige, dann rufen Sie an, wenn er mit Sicherheit nicht zu Hause ist, und hinterlassen eine laszive Nachricht voller Versprechungen. Aber eine Sexgöttin mit Mumm setzt ihr Prinzessinnentelefon wesentlich romantischer ein. Rufen Sie ihn spät nachts an, kurz bevor Sie schlafengehen. Sagen Sie ihm, es wäre wie zusammen im Bett liegen – na ja, fast. Murmeln Sie ihm süße Dinge ins Ohr, aber wenn Sie Gute Nacht sagen, lassen Sie ihn nicht aufhängen. Sagen Sie: „Wenn ich mitten in der Nacht aufwache, werde ich nach dem Hörer greifen, und dann kann ich hören, wie du im Schlaf atmest." PS: Nicht geeignet für Liebende, die in verschiedenen Städten wohnen.

♥ DAS VIERTE RENDEZVOUS

Der große Tag ist da, der Augenblick, auf den wir alle gewartet haben. Sie – Margot, Miriam, Anita, Gina, Nina und all ihr anderen Hübschen – werden jetzt bekommen, was Sie verdient haben, weil Sie so brav waren.

Sie werden Ihre winzigste Abendtasche mit allem packen, was Sie für ein Rendezvous mit Übernachtung brauchen (siehe übernächste Seite). Sie nehmen sich volle sechs Stunden Zeit, um sich für diesen Höhepunkt (*und was für einen!*), das vierte Rendez-

Wie man sich von einem Mann entgiftet

Es gehört zu den unschönsten Fakten des Lebens: Manche Männer halten tatsächlich an ihren Regeln fest. Trotz all Ihrer Versprechen kommender Wonnen besteht immer die Möglichkeit, daß der TT sich als RR (*richtige Ratte*) entpuppt und nicht anruft, um sich ein viertesmal mit Ihnen zu verabreden. In den meisten Fällen sollten Sie das locker wegstecken. Aber was, wenn es Sie wirklich gepackt hat und Sie sich verzweifelt nach ihm sehnen?

Folgende Entgiftungsmethode hat mir eine sehr behexende Hexe beigebracht. Sie kann in jedem Stadium einer Beziehung angewandt werden, wenn Sie ihn ein für allemal loswerden wollen:

1 Nehmen Sie eine weiße Rose, und legen Sie sie über Nacht aufs Fensterbrett, damit sie mit Mondlicht getränkt wird.

2 Am nächsten Tag lassen Sie die Rose in Ihr Morgenbad fallen. Halten Sie die Blüte unters Wasser, und zupfen Sie die Blütenblätter einzeln ab, dazu sagen Sie seinen Namen. Vielleicht möchten Sie etwas Unschmeichelhaftes hinzufügen wie pfui Teufel oder bäh.

3 Während Sie sich in der Badewanne suhlen, sammeln Sie die Blütenblätter, und kippen Sie sie sich über den Kopf.

4 Tun Sie die Blätter in eine schicke Einkaufstüte, und gehen Sie damit zur nächsten Kreuzung (wegen dem X wie in „ex", kapiert?).

5 Holen Sie die Blätter aus der schicken Einkaufstüte, und werfen Sie sie einzeln über die linke Schulter, während Sie seinen Namen und das Schimpfwort wiederholen. Erfolg! Sie haben den Einfluß dieser Person gebrochen. Jetzt kaufen Sie sich selbst ein Dutzend roter Rosen und eine große Packung Schokoladeeis. Entgiftung vollendet. Morgen geht's wieder auf Männerfang!

LISTE FÜR DAS ÜBERNACHTUNGSTÄSCHCHEN

1 Sonnenbrille – unentbehrlich für den Morgen danach.

2 Make-up – Probepackung oder in kleines Döschen umgefüllt.

3 Lippenstift – muß auch als Rouge herhalten.

4 Augenbrauenstift.

5 Puderdose.

6 Parfum – Probefläschchen. Nicht vergessen: derselbe Mann, das gleiche Parfum! Kippen Sie heimlich etwas auf sein Kissen, damit er in der nächsten Nacht mit Ihrem Duft schläft.

7 Ersatzstrumpf (wegen Laufmaschen, aber auch um ihn parfumgetränkt liegenzulassen).

8 Geld – mehr, als Sie brauchen.

9 Kondome: zwei bis vier – man soll die Hoffnung nie aufgeben ...

10 Der unverzichtbare Schlüssel für Ihren Keuschheitsgürtel.

vous, zurechtzumachen. Ideal wäre, wenn das *Ausziehen* fast genauso lange bräuchte. Schließlich soll die Geduld sich doch lohnen und nicht alles in Sekunden vorbei sein, oder?

Aber der Sex beginnt, sobald er Sie heute abend abholt. Alles, was Sie tun, wird ein Teil des Vorspiels sein. Wie Sie ins Auto steigen – langsam, sinnlich, zuerst das eine seidenbestrumpfte Bein, dann das andere. Wie Sie neben ihn rutschen und ihn fast berühren (die Luft zwischen Ihnen wird knistern!).

Er ist Ihr Schwarzer Ritter, Ihr Superheld, Ihr starker, schöner, herrlicher Herzensmann. Sie sind seine Sexgöttin, seine Angebetete, die Frau, der er zu Füßen liegt und der keine andere gleichkommt. Es wird ihn wie der Blitz treffen: Sie sind das strahlende Licht am Ende eines scheinbar endlosen Tunnels der Liebessuche. Jeder von Ihnen ist für den anderen die Erfüllung eines Traums.

Wie sieht die perfekte Kulisse für diese Nacht der Leidenschaft aus? Suchen Sie sich das, was Ihren wildesten Phantasien am nächsten kommt. Wenn Sie davon träumen, daß ein schurkischer, hinreißender Pirat Sie entführt, suchen Sie sich ein Boot.

Ihre Stimme sollte den ganzen Abend nur ein Flüstern sein. So wird er an jeder Silbe hängen, die von Ihren Lippen tropft. Sie sollten nur über Sie beide sprechen. Sie dürfen sogar so kühn sein, verbal anzudeuten, was später geschehen wird. Mit anderen Worten: Sagen Sie ihm, was Sie mit ihm vorhaben!

Auf jeden Fall sollten Sie vermeiden, über Ihr vergangenes Liebesleben zu sprechen. An diesem Abend gibt es nur zwei Menschen auf dieser Welt: Sie und ihn. Wollen Sie etwa, daß er Ihnen die Liste seiner früheren Freundinnen herunterbetet – wie sie sich kennengelernt haben, warum sie sich getrennt haben, bla, bla, bla. Er will, daß Sie die beste Geliebte sind, die er je hatte, die Sexdiva – und das werden Sie sein! –, aber er will ganz bestimmt nicht wissen, *wie* Sie das geworden sind. Ihre Geschichte sollte Ihr Geheimnis bleiben.

Das trifft aber nur auf die romantische Seite Ihrer Vergangenheit zu, nicht auf die sexuelle; irgendwann müssen Sie das Safe-Sex-Gespräch hinter sich bringen. Diesen Teil mag keiner. Mein Rat: Bringen Sie es schnell und mutig hinter sich. Luft holen, großes Lächeln, vielleicht einen ausländischen Akzent, um die Atmosphäre etwas aufzulockern: „Ich fixe nicht, habe noch nie mit einem Fixer geschlafen und bin auch kein homosexueller Mann. Wie sieht's bei dir aus?" Natürlich wird er das gleiche sagen. Und Sie wissen, daß Sie die Wahrheit nicht erraten können. *Also ist Kondomvernunft angesagt!*

Sie sind in Ihrer Wohnung oder seiner Wohnung oder irgendeiner himmlischen Hotelsuite. Sie stehen erwartungsvoll in einem Raum mit schummriger Beleuchtung; die Dunkelheit macht Sie zur vollkommenen Schönheit. Der Duft Ihres Parfums schwebt in der Luft, lockt ihn. Sie haben das Gefühl, als kribbelte der ganze Planet vor Erwartung. Er kommt auf Sie zu. Sie breiten die Arme aus. Das Rendezvous ist vorbei. Die Liebesaffäre kann beginnen!

VERFÜHRUNG STUFE ZWEI: WIE MAN DAS FEUER SCHÜRT

Nachdem Sie jetzt Rendezvous Nr. 5 und mehr hinter sich haben:

– Lesen Sie ihm sexy Bücher im Bett vor, am besten an einem frühen, entspannten Sonntagnachmittag bei zugezogenen Vorhängen.

– Bei einem öffentlichen Ereignis (Vortrag, Hochzeit, Geschäftstreffen) stecken Sie ihm diskret Ihren G-String in die Tasche.

– Verkleiden Sie sich! Wenn er Sie zu einem Rendezvous abholt, legen Sie Ihre Hand auf seine Stirn und sagen Sie ihm, er fühle sich an, als hätte er Fieber. Wenn Sie nach Hause kommen, verschwinden Sie und ziehen sich rasch Ihre Schwesternuniform an – hohe Absätze, weiße Strümpfe, das rote Kreuz nicht vergessen. Warten Sie, bis er Sie sucht. Wenn er das tut, sagen Sie ihm, Schwester Soundso sei gekommen, um sein Fieber zu messen …, aber Sie werden kein Thermometer brauchen!

– Sie müssen Energie und Verführungskraft während der Beziehung erhalten. Um sich in diesen Zustand zu versetzen, müssen Sie auf Abstand zu ihm gehen – gehen Sie mit Freundinnen aus, und flirten Sie wie wahnsinnig mit anderen TTs. Sie werden sehen, wie einfach es ist, einen neuen Mann in Fahrt zu bringen – und dieses Erfolgsgefühl bringen Sie Ihrer Nummer Eins.

– Wechseln Sie die Umgebung. Leihen Sie sich die Wohnung einer Freundin, gehen Sie in Hotels, egal ob Luxusbunker oder Flohburg. Geben Sie ihm den Schlüssel vorher; sagen Sie, er solle um neun Uhr da sein. Um fünf vor neun legen Sie eine Spur aus, der er folgen kann: Kleid, Schuhe, Strümpfe, Strapsgürtel, BH, G-String. Lassen Sie Ihren Schmuck an! Sobald Sie den Schlüssel im Schloß hören, schlüpfen Sie in ein Schaumbad für zwei mit Kerzenlicht.

– Machen Sie ihm eine Audio-Sexkassette. Ja, meine Herzchen, das verlängert die Wollust grenzenlos. Er wird die Kassette immer dabeihaben, wenn Sie nicht dabei sind. Warnung: Genau wie bei den Polaroidnacktfotos aus längst vergangenen Zeiten, die vielleicht bei Ihrem Ehemaligen rumliegen, dürfen Sie nichts bereuen müssen. Absolutes Vertrauen in Ihren TT ist Voraussetzung. Vorsichtshalber sollten Sie nie Ihren Namen, sondern nur *seinen* sagen.

Okay, hier ein paar technische Hinweise für die rein emotionale Herstellung eines Liebestapes.

1 Rufen Sie bei ein paar Sexleitungen an, um zu erfahren, wie Sie es *nicht* machen sollen.

2 Legen Sie sich einen Plan zurecht: sanfte Einleitung, langsame Steigerung, Höhepunkt, zärtliches Ausklingen.

3 Suchen Sie Hintergrundmusik aus, aber nichts Kitschiges oder Klischeehaftes, keine Discomusik und keine Hitparadensongs, sonst singt er womöglich mit, statt Ihnen zuzuhören. Musik muß der leise Hintergrund dieser Kassette sein.

4 Machen Sie sich's bequem. Wählen Sie ein Zimmer, in dem keine anderen Geräusche stören können, vor allem das Telefon. Sperren Sie alle Türen zu ... oder nicht ..., was Sie mehr in Stimmung bringt.

5 Beginnen Sie das Tape mit Hallo und seinem Namen. Dann erzählen Sie ihm von einem Sextraum oder einer Sexphantasie, in der Sie beide die Protagonisten sind.

6 Ziehen Sie etwas an, was Sie an SEX denken läßt! Ziehen Sie es aus oder an, während Sie aufnehmen. Erzählen Sie ihm, was Sie tun, während Sie es tun.

7 Wenn Sie erst mit der Aufnahme begonnen haben, wird sich das alles ganz natürlich entwickeln. Jetzt kommt der schwierigste Teil, meine Süßen, aber der wichtigste: Sie müssen ehrlich sein. Sie dürfen nichts vormachen, was Sie nicht empfinden. Vortäuschen gilt nicht! (Ein bißchen dick auftragen ist nicht gleich lügen.)

Sobald die Kassette fertig ist, müssen Sie sie Ihrem TT schicken. Hören Sie sich Ihr Werk am nächsten Tag an; wenn Sie dann

> *Mein süßer Schatz,*
> diese Kassette ist *für dich und nur für dich*! Sorge dafür,
> daß du ganz allein bist, wenn du sie anhörst.
>
> *Ich träume von dir ...*
>
> XXXXXXXXX
>
> P.S. Mein Recorder erwartet deine Antwort.

beschließen, ihm das Tape zu schicken, gibt es kein Zurück mehr.
Schreiben Sie einen kleinen Liebesbrief, den Sie beilegen:

So, jetzt schicken Sie ihm die Kassette: per Einschreiben nach
Hause (nicht ins Büro!), legen Sie sie unter sein Kissen, stecken Sie
sie in seinen Walkman, packen Sie sie in seinen Koffer, oder stecken
Sie sie ihm in die Innentasche seines Jacketts.

So, meine Süßen, jetzt kennt ihr mein Repertoire für Rendezvous, Romantik und Verführung. Geht damit um, wie es euch
paßt – euch und euren Traummännern. Stellt sich der gewünschte
Erfolg ein – durch Schicksal, Leidenschaft und ein bißchen
Manipulation –, *brava!* Genießen Sie es. Ihre kleine Mystifikation
wird mit Ihrer wahren Persönlichkeit eins werden, ohne daß Sie
oder er es überhaupt merken können. Bewahren Sie sich Ihren
Humor mit Ihrem TT, und pflegen Sie ein bißchen „Machisma";
dann ist die *ultimative* Traumfrau in Ihnen da, wenn Sie sie brauchen.

Diät als Inspiration

Gewicht ist ein kulturbedingter Zustand, ein medienbedingter Zustand. Das Bedürfnis, ab- oder zuzunehmen oder irgendeiner bestimmten Figur zu entsprechen, basiert auf dem kollektiven Image: der Vorstellung, wie die Frau des Augenblicks auszusehen hat. Unser heutiger Begriff von einem perfekten Körper ist anders als der der Vergangenheit und wahrscheinlich völlig anders als die Traumfigur der Zukunft. Und da es zeitlose, absolute Proportionen nicht gibt, gibt es auch keine absolute, zeitlose Ernährung.

Ich bin ein gutes Beispiel. Ich bin einen Meter fünfundsiebzig groß, und meine Maße sind im Augenblick 110-65-110. Ich werde dicker. Ich werde dünner. Vor zwei Jahren hatte ich mein Höchstmaß erreicht, 120-80-118. Wie Sie sehen, spielt Umfang keine Rolle.

Die Mannequindesignerin Adel Rootstein, die für jedes Jahrzehnt eine typische Figur aussucht, hat mich als Körper der neunziger Jahre gewählt (in den Sechzigern war es Twiggy).

Die lebensgroße Schaufensterpuppe, die Rootstein nach mir
gemacht hat, beweist, daß
Großes im Gang ist. Diese
Puppe ist ein Denkmal für die
Freiheit der Wahl, die Frauen
haben. Jede hat das Recht, der
Körpertyp zu sein, der sie zu irgendeinem Zeitpunkt gerade
ist. Voraussetzung ist meiner
Meinung nach, das Ideal dieses
Körpers in jeder Hinsicht zu erfüllen. Das, meine Süßen, heißt,
wirklich davon überzeugt zu
sein, daß euer Körpertyp der beste ist.

KEVIN DAVIES COURTESY OF ADEL ROOTSTEIN

Welche ist die echte D.B.?

Das ist einfach, wenn Ihre Figur der Wunschfigur des Augenblicks entspricht, und weniger
einfach, wenn sie es nicht tut.
Sie müssen daran glauben, daß
Ihre Einmaligkeit Sie überlegen
macht. Natürlich sollen Sie Ihren Körpertyp niemandem aufzwin-
gen und Bohnenstangen nicht mit Kommentaren ermuntern wie:
„Du brauchst wohl eine Schachtel Pralinen, Kleine." Sie müssen davon überzeugt sein, daß Ihre Figur etwas Besonderes und deshalb
anbetungswürdig ist. Nur dann werden Ihnen die Traummänner
dieser Welt aus der Hand fressen. Während meiner 120-80-118-
Phase war ich mit einem Rockstar aus, der einen Meter siebzig groß
war und 70 Kilo wog. Den ganzen Abend sagte er immer wieder:
„Dianne, dein Körper ist das reine Kunstwerk! Warum gibt es nicht
mehr Mädchen mit deiner Figur? Du bist ein Mädchen aus einer anderen Welt! Schau dich an: Du bist ein Planet für sich! Dein eigener
Planet – Planet Brill!" Ein originelles Kompliment, keine Frage,

aber er hätte es nicht gesagt, wenn er nicht gespürt hätte, daß ich auf meinen Körper stolz bin.

Ich meine damit nicht zuviel des Guten, die Pfunde, die unglücklich oder krank machen. Ich meine nicht die armen Leute mit echten Gewichtsproblemen. Ich will nur sagen, daß Sie zehn bis fünfzehn Pfund Spielraum haben und an beiden Enden des Spektrums ungeheuer sexy und schön sein können.

Ignorieren Sie, was Ihnen Familie, Freunde und irgendwelche Anorexie-Apostel predigen. Probieren Sie verschiedene Figuren, verschiedene Körpergewichte aus, um Ihr Ich des Augenblicks zu finden. Haben Sie ruhig den Mut, ein bißchen voluminöser, ein bißchen kurvenreicher zu sein. Oder werden Sie leichter. Manchmal wollen Sie mehr Raum einnehmen, sich manifestieren, und dann wieder wollen Sie vielleicht schweben und sich federleicht fühlen.

Welches Körpergewicht Sie sich auch aussuchen, es gehört Durchhaltevermögen dazu, das Gewicht zu ändern. Ob mehr oder weniger, Sie müssen eine Diät machen, um die angestrebten Dimensionen zu erreichen. Aber Diät muß nicht Folter heißen.

MEHR PFUNDE

Wenn Sie voluminöser werden wollen, müssen Sie dieser Rolle mit Nahrung, Kleidung, Gang, Sprache und Haltung gerecht werden. Sie müssen stolz auf sich sein. Folgende Wörter sollten Sie umge-

HERBERT SCHULZ

Damals: mehr Dianne. Rund? Na, und! Die Kerle finden's gut!

hend aus Ihrem Vokabular streichen: „Fett, übergewichtig, mollig, vollschlank, wohlgenährt." Ersetzen Sie sie durch die Realität: „Üppig. Weiblich. Fraulich. Wespentaille. Voluminös. Kurvenreich. Supersinnlich. Großzügig. Herzlich." Sagen Sie sich diese Wörter immer wieder vor: Machen Sie sie zu Ihrem Motto und Ihrer Mantra.

DIE PFUNDE-RAUF-DIÄT

Wenn Sie zunehmen wollen, müssen Sie es richtig machen. Die Pfunde, die Sie zunehmen, müssen Qualität haben. Sie sollten sich nur das Feinste gönnen. Essen Sie, was Sie wollen, wann Sie wollen. Essen Sie, bis Sie nicht mehr können. Überlegen Sie, auf welche dekadente Delikatesse Sie gerade Lust haben, und greifen Sie zu. Am besten gleich zwei Portionen! Wenn ich zunehme, treibe ich nicht Sport, aber ich bin viel mit Sportlern unterwegs – sie essen immer gut. Essen Sie sexy Dinge, die Haut, Haare und Nägel nähren. Süße Schlagsahne ist goldrichtig. Regel Nummer Eins: Essen Sie nur die *besten* Pralinen, die seelisch ungleich befriedigender sind als Billigschokolade (und weniger ruinös für den Teint). Kochen Sie üppige Gourmetmahlzeiten für Ihren TT. Kochen Sie genug für eine Armee. Er wird hingerissen sein, und der Himmel weiß, daß er nach dem Essen, nach all der Schokolade und der Schlagsahne und Ihnen, die Kraft einer ganzen Armee brauchen wird.

Klamotten für mehr Pfunde

Je üppiger Sie sind, desto konservativer müssen Sie sich anziehen. Sie haben die Freiheit, elegant und luxuriös zu sein, aber Sie verlieren die Freiheit, sich allzu lässig zu kleiden. Sie müssen sich als Marmorstatue, als Venus betrachten. Haben Sie schon mal eine magere Venus gesehen? Sie müssen königlich sein.

Wenn Sie am großen Ende der Skala sind, sind Sie immer auf Sendung, immer auffallend. Ihre Kleidung darf nie schlampig wirken.

Perfekt manikürte Nägel, Hollywood-Make-up, gutfrisierte, saubere Haare, keine abgetragenen Schuhe. Der zerzauste Look ist nichts für Sie, Süße.

Die Kleidung für Ihr üppigeres Ich muß genau passen. Sie darf natürlich nicht zu eng sein, aber auch nicht zu weit oder blusig. Tragen Sie nichts, was aussieht, als hätten Sie etwas zu verbergen. Keine Säcke, keine marokkanischen Zelte oder kolossale Kaftans. Am besten: gutgeschnittene Kostüme, makellos sitzende Kleider. Zeigen Sie Fleisch: soviel Dekolleté, wie Sie sich zutrauen, ohne rot zu werden. Tiefe Ausschnitte sind ein Muß, ebenso dreiviertellange Ärmel oder trägerlose Oberteile. Röcke können lang oder kurz sein, müssen aber anliegen; eine Linie von Hüfte zu Knie.

Tragen Sie luxuriöse Stoffe, uni, nicht gemustert. Ich hasse Muster! Sie lenken von der Figur ab, und die ist hier das Wesentliche. Dunkle Farben zeichnen die Formen deutlich nach. Tragen Sie Schwarz, dunkles Rot, Mitternachtsblau, Tannengrün. Sie können Weiß tragen, es muß aber etwas sehr Enganliegendes sein.

Keine Ringe, sie lassen die Hände feist aussehen. Keine dicken Halsketten – sie machen den Hals kürzer. Tragen Sie nur Armreifen und Ohrringe, je größer, desto besser. Schuhe müssen viel Absatz haben und tief ausgeschnitten sein; sie dürfen nie zu eng sein. Die Unterwäsche muß *immer* schön und sexy sein. Niemals Kaufhausunterwäsche in „Übergrößen"! Strümpfe nur von feinster Qualität und immer schwarz. Männer lieben fast nackte Üppigkeit. Umfangen Sie ihn mit Ihrer weichen Haut, die in Strapsen und Satin leuchtet. Seien Sie großzügig. Er will Sie, wie Sie sind – geben Sie ihm, was er verdient!

Voluminös in der Öffentlichkeit

Sie müssen viel gelassenes Selbstvertrauen haben, um richtig aufzutreten und zu wirken. Wenn Sie Ihr neues, üppiges Ich erreicht haben, werden Sie feststellen, daß Sie allen auffallen, wenn Sie einen Raum betreten. Stehen Sie aufrecht. Ihre Haltung muß stolz sein. Um Ihre Kurven zu betonen, müssen Sie Ihr Gewicht seitlich verlagern: Ein Bein sollte immer etwas vor dem anderen stehen, das Gewicht auf das hintere verlagert, das vordere Beim leicht gebeugt. Haltung ist wichtig! Stellen Sie sich vor, jemand hätte eine Schnur zwischen Ihre Brüste in der Mitte Ihres BHs festgebunden und zöge daran! Die Schultern zurück, den Busen vorgewölbt, Po runter, Kopf hoch. Ihre Gesten sollten ausladend und elegant sein. Machen Sie lange, kräftige Schritte, fröhlich und zielbewußt.

Auch Ihre Stimme muß zu Ihrer Größe passen. Kein Kreischen oder Quietschen, nichts zu Sanftes. Aber Sie wollen deshalb kein Megaphon sein, das alles übertönt. Ausgewogen lautet die Devise. Stellen Sie sich Ihre Stimme vor, während Sie sprechen: Sehen Sie sie als so üppig und herzlich, wie Sie es selbst sind.

Wenn Sie ein Restaurant besuchen, werden alle Augen auf Sie gerichtet sein. Selbst wenn das nicht der Fall ist, reden Sie sich ein, daß es so wäre, damit Ihre Tischmanieren zum Kunstwerk werden. Bestellen Sie, was Sie wollen, solange Sie nicht mehr bestellen als Ihr Begleiter. Sprechen Sie nie über das Essen – das ist der größte Tick aller Leute, die mit ihrem Gewicht nicht zufrieden sind, ob dick oder dünn, und außerdem ist es langweilig. Wenn er fragt, ob Sie mit Ihren Fettuccine Alfredo mit Käse zufrieden sind, sagen Sie: „Ja, danke", und dann erzählen Sie ihm wieder, wie wahnsinnig attraktiv er ist.

Haben Sie keine Scheu davor zu zeigen, daß Sie Essen lieben. Ein gesunder Appetit signalisiert gesunde Gelüste auf anderen Gebieten, die Ihr Begleiter sicher schätzen wird. Wenn Sie Schlagsahne von einem langen Löffel lecken, soll das nicht obszön aussehen, sondern attraktiv. Essen Sie langsam, als würden Sie einen Striptease machen. Genießen Sie jeden Bissen. Bieten Sie ihm eine Kostprobe Ihres Gerichts an, lassen Sie sich ein Häppchen von seinem füttern. Bestellen Sie immer ein Dessert, auch wenn Sie nur davon kosten. Sollten Schuldgefühle Sie plagen, denken Sie daran, daß Eiscreme Knoblauchduft neutralisiert.

Sie werden bald feststellen, daß andere Frauen zu Ihnen sagen: „Ich wünschte, ich hätte das Selbstvertrauen, so auszusehen wie Sie." Lächeln Sie, umarmen Sie sie, und machen Sie der anderen ein Kompliment zu etwas, was Ihnen an ihr wirklich gefällt, was immer sie Großes an sich hat: Brüste, Hüften, Po, diese oder jene Kurve.

DER SCHWERGEWICHTIGE BEGLEITER UND WO MAN IHN FINDEN KANN

Der Typ, mit dem Sie ausgehen, wenn Sie Ihre große Phase haben, sollte auch groß sein. Kleinere Männer werden sich definitiv von Ihnen angezogen fühlen, und Sie sollten ihnen ruhig etwas von Ihrem Amazonencharme gönnen. Aber am wohlsten werden Sie sich mit einem Mann fühlen, dessen Statur der Ihren entspricht, mit einem schwergewichtigen Begleiter; das gilt für die Öffentlichkeit wie für die Privatsphäre. Nehmen Sie sich die Muskelmänner vor, riesige männliche Ikonen, und laden Sie sie in Ihren luxuriösen Schoß ein. Jetzt sind Zeit und Figur gekommen, die Phantasien von Bauarbeitern, Cowboys, Athleten, Rettungsschwimmern und Leibwächtern auszuleben.

Wo finden Sie Ihren schwergewichtigen Begleiter? Sportveranstaltungen sind ein hervorragendes Jagdgebiet, auch Sportwarengeschäfte. Läden für Übergrößen ebenfalls: Die Anzüge sind vielleicht Alpträume aus Polyester, aber die Kunden selbst sind aus Naturfasern. Motorradläden sind auch gut, genau wie Autowerkstätten ..., den Motor kann man gar nicht oft genug einstellen lassen! Ställe, Fitneßclubs ... Aber vergessen Sie nicht: Nur dekorativ rumstehen, nicht rumhampeln!

Sie und Ihr großer Typ werden aussehen wie füreinander geschaffen – ein Gott und eine Göttin, dem Olymp entstiegen, um sich für eine Nacht zu amüsieren. Alles paßt. Sexuell ist Ihnen ein Schwergewichtler ebenbürtig. Sie müssen nicht fürchten, ihn mit einer Zärtlichkeit zu zerquetschen. Sie können so wild sein, wie Sie wollen, ohne Blessuren zu verursachen.

Apropos Sex: Das Verführen wird zu einer wesentlich dramatischeren Angelegenheit, wenn Sie üppig sind. Sexgöttinnen sind eben in allen Dingen überlebensgroß. Sie können sich extreme Gesten erlauben. Sie können ihn zum Beispiel an Ihre Brust drücken, knurren, gegen die Wand werfen – das wirkt bei einer schmächtigeren Verführerin albern, aber bei einer voluminösen ganz natürlich.

WENIGER PFUNDE

Jetzt probieren Sie ein anderes Gewicht, ein neues Ich aus. Betrachten Sie Gewicht und Größe wie Garderobe und Make-up-Dinge, die man nach Lust und Laune ändern kann.

Sie werden wissen, wann der richtige Zeitpunkt dafür ist. Bei mir ist meist ein neuer Mann Anlaß. Aus irgendeinem unerfindlichen Grund läßt der leichtgewichtige Loverboy alle großen und starken Männer uninteressant werden. Ich komme zu dem Schluß: Wenn so ein explosiver Typ existiert, muß es noch andere Leichtgewichte geben, Hunderte neuer Männer! Es gibt auch Leidenschaft unter einsneunzig und neunzig Kilo und zumindest fünfzig Prozent mehr Männer. Anstatt einen Raum zu betreten und nur die Köpfe über der Menge anzusehen, können Sie jetzt auch in Augenhöhe oder Meereshöhe schauen. Männer! Ich liebe Männer! Ich liebe sie alle!

In der Horizontalen haben Leichtgewichte natürlich nicht soviel Substanz wie die Massigen. Wenn man sie im Arm hält, scheinen sie zu schweben. Und da Sex uns zu vielen Dingen motiviert, ist er auch ein legitimes Motiv zum Abnehmen, um Jagd auf leichtgewichtige Männer zu machen.

Schlanksein gibt Ihnen mehr Freiheit in Kleidung und Haltung. Sie können sich alles erlauben, vom verrucht-übernächtigten Look bis zum ausgeklügeltsten Chic. Das ist der größte Vorteil bei weniger Pfunden. Sie zu erreichen ist etwas anstrengender – aber es lohnt sich!

Seien wir ehrlich. Eine Diät zum Abnehmen macht längst nicht soviel Spaß wie eine zum

MIKAEL JANSSON

Jetzt: weniger Dianne, schlank und stolz darauf.

Zunehmen. Wir haben alle schon die gleichen Spielchen gespielt – zum Beispiel französische Zwiebelsuppe bestellen und sich vornehmen, nur die Brühe zu trinken. Sie schlürfen die Brühe ... dann probieren Sie vielleicht ein paar Zwiebeln ... bis sie alle weg sind. Dann locken Sie die aufgeweichten Croutons. Und eh Sie sich's versehen, kratzen Sie den angetrockneten, kalten Käse vom Rand ab und werfen dem Kellner einen giftigen Blick zu, wenn er fragt: „Darf ich abräumen?"

Auf Reisen Diät halten ist auch schwer. Wer kann schon den Dickmachern widerstehen, die man rund um die Uhr beim Zimmerservice bestellen kann, und dann auch noch die Pralinen auf dem Kopfkissen ... Der einzige Vorteil von Reisen bei Diät ist ein Jetlag; ich weiß nicht, wie es kommt, aber man kann einen Tag lang essen, was man will, und kein Gramm zunehmen, wenn man eine internationale Zeitgrenze überquert hat.

Also, Süße, wenn Sie erfolgreich abnehmen wollen, müssen Sie die richtige Einstellung dazu finden. Diät halten muß man nicht nur mit dem Körper, sondern auch mit dem Geist. Vergessen Sie alle negativen Assoziationen, die mit Abnehmen verbunden sind. Und das ist wesentlich einfacher, wenn Sie bei mehr Gewicht glücklich, sexy und unwiderstehlich waren.

Das Loblied des Hungerns

Mit dieser Diät werden Sie schneller als mit jeder anderen abnehmen. Bei mir funktioniert sie jedenfalls. Es ist eine schnelle Kurzdiät, falls Sie sich für ein heißes Date in ein paar Tagen eine neue Figur zulegen wollen (wenn es Montag ist und Sie Freitag abend eine Verabredung mit einem Leichtgewicht haben). Nein, Ihr Hausarzt ist sicher nicht damit einverstanden, und deshalb sollten Sie diese Diät höchstens ein paar Tage lang machen. Das Loblied des Hungerns hat wenig Kalorien, dafür viel Sinnlichkeit, denn es bekennt sich zur Sinnlichkeit des Essens. Das Loblied des Hungerns erlaubt Ihnen die drei Geschmacksrichtungen, auf die Sie wild sind: salzig, süß und würzig.

Einkaufsliste:
- Instant-Misosuppe mit Seetang.
- Senf in rauhen Mengen – alle Sorten von süß bis scharf.
- Karotten – die großen, bei denen sich die Verkäufer gegenseitig in die Rippen stoßen, wenn Sie sie aussuchen.
- Stangensellerie.
- Gemüsebrühe (ohne Einlage).
- Orangensaft – frisch ausgepreßt, wenn möglich.
- Grapefruitsaft – frisch ausgepreßt, wenn möglich.
- Apfelmost.
- Selleriesaft.
- Stilles Mineralwasser – *le must*, ihr Süßen, mindestens zwei Liter täglich.
- Kohlesäurehaltiges Mineralwasser.
- Scharfe Sauce (Tabasco).
- Kaffee – schwarz ist am besten, wenn es sein muß, mit Sojamilch.
- Orientalischer Appetitzüglertee.
- Verschiedene Kräutertees.
- Vitamine – ein Multivitaminpräparat, Vitamin C, ein B-Komplex.
- Proteinpräparat – täglich mit Orangensaft einnehmen.
- Andere Zusatzpräparate – Calcium, Magnesium, Eisen usw.

DIÄTPLAN:

Beim Wecken: eine große Schüssel Misosuppe. Vitamine, Kaffee mit Sojamilch, Apfelmost, stilles Mineralwasser mit Raumtemperatur.

Später: rohe Selleriestangen mit Senf als Dip. Orangensaft oder Grapefruitsaft, mit kohlesäurehaltigem Mineralwasser verdünnt.

Noch später: eine Karotte, im Ganzen, keine niedlichen kleinen Streifen. Als Dip Honigsenf. Das ist meine Lieblingsmischung aus scharf und süß. Großes Glas Karottensaft. Große Tasse Appetitzüglertee.

Viel später: Misosuppe, große Schüssel. Muß nicht unbedingt aufgegessen werden. Orangen- oder Grapefruitsaft mit Mineralwasser.

Letztes Abendmahl: Gemüsebrühe mit einem Spritzer Tabasco. Selleriestangen und Karotten mit scharfem Senf. Mineralwasser. Große Tasse Appetitzüglertee.

Dessert: Köstliche Gedanken an TTs. Schneiden Sie jeden Tag Bilder von ihnen aus, legen Sie die Fotos unter Ihr Kissen, kleben Sie sie an den Eisschrank, an die Keksdose. Oh, Baby, Baby – Leichtgewichte! Schau sie dir bloß an. Aaah! Jetzt gehen Sie schlafen ... und träumen.

Die Noch-weniger-Pfunde-Diät

Das ist Phase zwei meines Diätplans; mit dem Loblied des Hungerns und der Noch-weniger-Pfunde-Diät habe ich vierzig Pfund abgenommen. Das Frühstück ist die Hauptmahlzeit, das Abendessen die leichteste. Als Vegetarier empfehle ich wärmstens, bei dieser Diät Protein nur in Form von Tofu zu sich zu nehmen; es ist gesünder, und ich glaube, daß Sie so mehr abnehmen. Aber wenn Sie ohne Fleisch nicht auskommen, ersetzen Sie je 120 Gramm Tofu durch 60 Gramm mageren Fisch oder Huhn.

Einkaufsliste:
- Tofu – geräuchert, roh, gekocht, mit Tamari oder gebacken.
- Frisches Obst – Äpfel, rosa Grapefruit, Orangen, Zitronen, Papaya, Melonen, Erdbeeren, Pfirsiche, Nektarinen (die größten, die Sie finden können).
- Frisches oder gefrorenes Gemüse – Romanasalat, Spinat, Pilze, Rotkraut, Zuckererbsen, Spargel, alle Wurzelgemüse, kein Mais, keine Kartoffeln oder andere stärkehaltige Sachen.
- Ballaststoffreiche Kekse.
- Stilles Mineralwasser.
- Kaffee – schwarz oder mit einem Tropfen Milch ... kein Cappuccino.
- Tee – Kräutertees oder andere.
- Tamarisauce.
- Verschiedene Sorten Senf.

- Diätsalatdressing oder Olivenöl und süßen Essig.
- Diätlimonaden – mit Wasser verdünnen, damit Sie nicht soviel Kohlensäure haben (zuviel führt zu Aufstoßen oder Schlimmerem!).
- Minzbonbons ohne Zucker – aber in Maßen, zuviel Zuckerersatz führt zu Blähungen, deshalb Vorsicht.
- Orangensaft – aber nur, wenn Sie eine schnelle Zuckerdröhnung brauchen.

DIÄTPLAN

Frühstück: fünf ballaststoffreiche Kekse, ein großer Apfel, 120 Gramm Tofu, gebraten und mit Tamarisauce gewürzt, Kaffee oder Tee.

Zweites Frühstück: zwei Gläser Mineralwasser.

Vor dem Mittagessen: Gemüsesnack, zum Beispiel Pilze in Senf gedippt, zwei Gläser Mineralwasser.

Mittagessen: 120 Gramm gebackener Tofu, Spinat mit Diätdressing oder mit Olivenöl und süßem Reisessig, fünf ballaststoffreiche Kekse, ein Viertel Zuckermelone oder ein großes Stück Wassermelone.

Nach dem Mittagessen: ein paar Diätminzbonbons, zwei Gläser Mineralwasser.

Nachmittagssnack: Pfirsich oder Nektarine, Kaffee oder Tee.

Vor dem Abendessen: zwei Gläser Mineralwasser.

Abendessen: 120 Gramm Tofu mit Salatdressing (warm), verschiedene Gemüse, in Wasser, Senf und süßem Reisessig gedämpft (als Sauce verwenden), gemischter Salat, Kaffee oder Tee.

Kleiner Imbiß für spät nachts: heißer, frisch gepreßter Zitronensaft mit Süßstoff, soviel Sie wollen.

Angenommen, Sie sagen, die Diät sei wunderbar, aber – Sie können Tofu nicht ausstehen. Folgenden Milchshake können Sie statt der erforderlichen Tofumengen trinken, und glauben Sie mir, Sie werden den Hauptbestandteil nicht mehr schmecken, wenn Sie das gemixt haben.

REZEPT FÜR MOUSSETIQUE DU JOUR

Zutaten:
- 240 Gramm Tofu (fest)
- 6 große Erdbeeren (oder andere Frucht)
- Saft einer Zitrone
- 1$^1/_2$ Teelöffel Vanilleextrakt
- 4 Eßlöffel Streusüße
- 5 Teelöffel Wasser
- Zusätzliche Gewürze (zur Geschmacksveränderung): Zimt, chinesisches Fünf-Gewürze-Pulver, Kardamom, Schokoladenextrakt.

Zubereitung:
Den Tofu in Stücke schneiden, in den Mixer geben. Die anderen Zutaten dazugeben. Mixen (Rrrrnn). Probieren. Ist es griesig oder klumpig? (Igitt.) Weitermixen (Rrrrrnn), bis es wie eine Mousse ist. Probieren. Zuviel hiervon? Mehr davon hinein. Es ist kinderleicht. – So, Naschkatze, genießen Sie dieses luxuriöse cremige Zeug, das Ihre Diät nicht beeinträchtigt. Alles klar? Essen Sie mit einem kleinen Löffel (damit es länger dauert). Nichts zu danken.

Der Ich-bleibe-dünn-Power-Plan
Essen Sie so, und Sie bleiben dünn.

Einkaufsliste:
- Guarkapseln.
- Mineralwasser.
- Maßband.
- Waage.
- Notizbuch.

DIANNES DIÄTTRICKKISTE

- Kleben Sie Fotos von gutaussehenden Männern an Ihren Kühlschrank.

- Leihen Sie sich jeden zweiten Tag eine Gymnastikkassette. (Nicht kaufen, mit Zeitbegrenzung ist man eher geneigt, wirklich zu turnen.)

- Schreiben Sie Ihr Zielgewicht auf Ihr Handgelenk. Sehen Sie es sich mehrmals täglich an, wie einen Talismann.

- Nehmen Sie extra starken Atemspray als Snack.

- Beschäftigen Sie Ihre Hände: Zähne putzen oder Nägel maniküren.

- Hüten Sie sich vor Telefonschlemmereien: Kalorien, die man während des Telefonierens zu sich nimmt, *zählen*.

- Bringen Sie Männer dazu, hinter Ihnen herzurennen ... hervorragende Gymnastik.

DIÄTPLAN

- Eine halbe Stunde vor jeder Mahlzeit vier Guarkapseln mit zwei Glas Mineralwasser einnehmen.

- Essen Sie, was Sie wollen, aber lassen Sie die Hälfte auf dem Teller (Sie werden feststellen, daß das sehr leicht ist. Der Guar dehnt sich in Ihrem Magen aus und macht Sie satt).

- Wenn Ihnen Zweifel an Ihren Proportionen kommen, messen Sie nach.

- Steigen Sie auf die Waage; schreiben Sie alle Zahlen (Gewicht und Maße) in Ihr Notizbuch. Machen Sie es nicht jeden Tag, nur wenn Sie merken, daß Sie zunehmen.

• Wenn Sie tatsächlich zunehmen, fangen Sie an, alles, was in Ihren Mund wandert, in Ihr Notizbuch zu schreiben, aber nicht schummeln. Das ist sehr hilfreich – wenn Sie es zu Papier bringen müssen, werden Sie weniger in den Mund stecken.

Der leichtgewichtige Begleiter und wo man ihn finden kann

Nur weil Sie jetzt zierlicher sind, müssen Sie nicht den großen, starken TTs der Schwergewichtsklasse aus dem Weg gehen. Aber vielleicht hat Ihr schmächtiges Ich Lust auf ein Rendezvous mit einem Leichtgewicht. Vielleicht sehen Sie ihn als Bonbonersatz, eine Art Belohnung für die Diätdisziplin; oder Sie wollen wissen, wie es ist, mit jemandem auf dem Rücksitz eines winzigen italienischen Sportwagens zu sitzen. Oder vielleicht fühlen Sie sich einfach leichter und luftiger an der Seite eines Leichtgewichts. Warum auch immer: Holen Sie sich ein Leichtgewicht, wenn Sie Lust darauf haben.

• Hinter der Bühne bei Rockkonzerten.

• In Museen, Buchläden, bei Vorträgen: Intellektuelle sind oft Leichtgewichte.

• In politischen Organisationen: Je höher die Position in der Politik, desto größer der Leibesumfang, aber alles darunter ist leichtgewichtig.

• Bei Castings: Die Kamera macht zehn Pfund dicker.

• Künstlerbedarfsläden: Viele Künstler hungern ..., selbst wenn sie nicht müssen.
• In makrobiotischen Restaurants.

Also, ihr Süßen, wenn ihr euren nächsten Körper kurzzeitig größer oder kleiner haben wollt, ist das Wichtigste, daß ihr von ganzem Herzen, mit Haut und Haaren, von eurem augenblicklichen Aussehen überzeugt seid! Natürlich nur solange ..., bis ihr eure Meinung ändert.

ANNIE FLANDERS TREATING THE CAMERA TO HER CONTOURS

DELILAH DOUGH: SHELLS IN PLACE

ACTRESS JENNY LUMET: FLAWLESSLY FEMALE

NELL CAMPBELL IN A CLEAVAGE DELIGHT

FABULOUS FREDERIQUE: I BOW TO PERFECTION

GRACE JONES IN LOW-CUT SPLENDOR

NINA HAGEN WITH WILD PAIR & FRANCK

BETWEEN-SHOOT BOOB ADJUSTMENT

ON THE SET IN COSTUME: TERESA GILMORE

BENJI IN MY DESIGN: THE BRILL BRA

PHOTO: ADRIAN BUCKMASTER / SAVEL INC.

FIBERGLASS BOOBAMANIA

VIERTES KAPITEL

Busen

Als kleines Mädchen hab' ich immer heimlich die *Playboys* meines Vaters angeschaut, um mir die Brüste auszusuchen, die ich als Erwachsene haben wollte. „Bitte, lieber Gott! Schenk mir große Brüste!" betete ich immer, die Hände an meinen nicht-existierenden Busen gedrückt. Da ich wußte, daß Gott denen hilft, die sich selbst helfen, startete ich mit einem Sortiment von BHs in die Pubertät, die alle zwei Nummern zu groß waren.

Dann, nach siebzehn Jahren als „Dianne das Brett", war es soweit: Sie waren plötzlich da. Und wurden immer größer. Meine Gebete waren erhört worden, und wie!

Viele Frauen sind der Meinung, Männer seien busenbesessen (und das sind sie tatsächlich!). Aber wir beschäftigen uns auch selbst intensiv mit unseren Brüsten. Das Körperimage einer Frau ist zum Großteil davon abhängig, wie sie ihren Oberkörper empfindet – und Körpergefühl ist zum Großteil davon abhängig, wie sie ihre Brüste empfindet.

TRAUMBUSEN FÜR JEDEN KÖRPER

Ich bin mit großen Brüsten gesegnet, und ich kann Ihnen versichern, daß sie das lange Warten wert waren. Meine großen Brüste haben mir das bißchen mehr Selbstvertrauen gegeben, die Ich-bin-die-Größte-Einstellung. Für *mich* sind sie genau richtig. Aber große Brüste sind nicht für jeden Körper das beste. Alle Größen haben ihre eigene Fangemeinde.

Für meine Silhouette ist mein Busen super – je größer, desto besser. Aber nicht jede Frau sieht ihren Busen so. Viele haben mir anvertraut, daß sie ihre Dinobusen als Last empfinden. Meistens waren es frühentwickelte Mädchen, die sich plötzlich ausgeschlossen fühlten. Sie konnten nicht mehr Football mit den Jungs von nebenan spielen! Die Typen, die ihre Kumpels waren, wollten plötzlich ganz andere Ballspiele mit ihnen machen und lachten hinter ihrem Rücken über ihren Vorbau. Den Mädchen wurde etwas *als sexuell* angekreidet, was rein *körperlich* war, und zwischen sexueller und körperlicher Entwicklung besteht ein Riesenunterschied. Übersetzung: Diese Mädels haben ihre Brüste zu früh bekommen und haben dieses Trauma nicht überwunden. Das Timing war falsch …, aber *jetzt* ist es richtig. Sobald die Sexualität einer Frau ihre Anatomie eingeholt hat, kann sie ihre eigenen Vorzüge auch schätzen.

Ich persönlich habe große Brüste nie als Last empfunden. Wenn Männer sich von meinem Busen angezogen fühlen, ist es mir recht. Wenn sie nicht begreifen, daß ich mehr als mein Busen bin, ist das *ihr* Problem. Wie mein Freund, der Schriftsteller und Lektor Stephen Saban einmal sagte: „Dianne Brill ist zwei der besten Dinge im Leben!" Ich bin das Emblem, das Extrembeispiel der Busenfreiheit. Ich mache mich für Bruststolz stark, das Zelebrieren des Dekolletés. Ich repräsentiere die Schönheit jedes Busens – Ihres, meines und unser aller.

Sie haben tolle Brüste. Glauben Sie mir, die haben Sie wirklich. Ihnen kommt das vielleicht nicht so vor, aber wie alle anderen Aspekte des Göttinnendaseins sind Brüste mehr eine Frage der Einstellung als der Größe oder Beschaffenheit. Größe ist zum Beispiel etwas sehr Subjektives. Denken Sie drüber nach: Ihre Brüste sind jetzt größer als zu Beginn Ihrer Pubertät, stimmt's?

Festigkeit ist ebenfalls subjektiv. In den Händen Ihres Mannes sind Ihre Brüste eine Wonne! Er liebt es, sie zu spüren, wenn er Sie umarmt, wahrscheinlich mehr, als er es täte, wenn sie aus Silikon wären; er liebt Ihren Busen, egal welche Form er hat, als Teil von Ihnen und weil er Sie will, wie Sie sind.

Vergessen Sie nie: Es spielt keine Rolle, was Sie haben, es zählt nur, was Sie zu haben glauben (und was die anderen glauben)! Wenn Sie glauben, daß Ihr Busen toll ist, dann ist er auch toll. Brust raus! Zeigen Sie, was Sie haben!

Vielleicht finden Sie, daß Ihre Brüste „zu weit auseinanderstehen", „zu spitz" oder „zu rund", „zu schlaff", „zu perfekt" sind ..., ach, Kinder! Schluß damit! DIANNE BRILL IST HIER, UM EUCH ZU SAGEN: DASS EURE BRÜSTE DIE TOLLSTEN BRÜSTE DER WELT SIND! Fühlt sie. *Fühlt sie.* Eure stolzen Brüste. Glaubt. Ihr glaubt, wir glauben, er glaubt. Ich hab' es gesagt, und das sollte Beweis genug sein. Aber jetzt ein paar Interviews, die ich mit einigen sehr erfahrenen Busenexperten (Männern) gemacht habe!

Die Schönheit und die Brust

TT Nr. 1: Rockstar, attraktiv, sehr sexy, sehr lebhaft. Single.

TT: Warum ich Frauen mit kleinen Brüsten mag? Sie müssen der richtigen Frau gehören. Nur weil sie einen bestimmten Typ Brust hat – mittelgroß oder groß zum Beispiel –, heißt das noch lange nicht, daß ich sie nicht aufregend finde.
DB: Ja, das stimmt natürlich. Aber Sie haben gesagt, die kleinen wären Ihnen am liebsten. Warum? Vergessen Sie, daß eine mit großen vor Ihnen sitzt, antworten Sie, schöner Mann.
TT: Also, äääh... Frauen mit kleinen Brüsten sind elegant. Wie Louise Brooks zum Beispiel. Und ich finde, daß beim Sex die Nippel exponierter sind, ich mich mehr auf sie konzentrieren kann. Und ich mag freche kleine Mädchen ..., aber Moment mal, ich will gar kein kleines Mädchen, ich will eine Frau im Bett haben! *Ich lie-*

be nun mal Frauen mit kleinen Brüsten und finde, kleine Brüste sind die besten der Welt.

Okay, Sie wollen noch mehr Beweise. Lesen Sie weiter ...

TT Nr. 2: Promoter, atemberaubend elegant, eine Augenweide, leise Stimme, wirkt wie ein Diplomat. Single.

DB: Sie haben den Ruf, ein Freund großer Brüste zu sein. Erklären Sie das bitte.

TT (*lacht*): Wahrscheinlich liebe ich große Brüste, weil sie auf mich einfach so ungeheuer feminin wirken. Total weiblich. Ich habe mich schon immer als extrem maskulin gesehen. Ich brauche eine extrem feminine Frau, damit ich, na sagen wir ... ausgeglichen bin. Wenn ich mit ihr zusammen bin, soll es auch ein Erlebnis sein, diese ganze weiche Weiblichkeit anschauen zu können und zu wissen, daß ich mein Gesicht jederzeit darin begraben kann. Das ist eine Wonne, die ich hoffentlich nie missen werde. *Ich liebe große Brüste, und ich weiß, daß sie die besten Brüste der Welt sind!*

DB: Was für ein Typ! Lesen Sie weiter. Es kommt noch mehr ...

TT Nr. 3: Schauspieler. Riesige Hundebabyaugen. Still, schlank, muskulös. Fährt einen schnellen Wagen. Sieht einem in die Augen, wenn er mit einem spricht. Single.

DB: Sie behaupten also, Sie liebten jede Art von Busen. Nicht schlecht. Aber jetzt seien Sie mal ehrlich, und nennen Sie Ihren *wahren* Favoriten.

TT: Nein! Ehrlich! Ich kann Ihnen sagen, daß meiner Erfahrung nach jede Form und Größe von Busen ihre eigenen Vorzüge hat ..., sexuell zumindest. In vielen Dingen bin ich ein sehr besitzergreifen-

der Mann, und Frauen mit großen Brüsten kriegen in der
Öffentlichkeit viel mehr Aufmerksamkeit. Das treibt mich zum
Wahnsinn! Bei Liebesaffären habe ich festgestellt, daß ich den
Brüsten der Frau sehr viel Aufmerksamkeit widme, jeder Art von
Brüsten. Je mehr Zeit ich auf diesen Bereich verwende, je mehr ich
sie berühre, desto lockerer und entspannter wird die Frau.
Vielleicht hat sie mehr Selbstvertrauen in sinnlicher Hinsicht, wenn
ich ihr zeige, was ich für ihre Brüste empfinde. Ich glaube, die mei-
sten Männer sind wie ich, glaube ich. Und eines habe ich gemerkt:
Je selbstbewußter *sie* ist, was ihren Busen betrifft, desto anziehen-
der finde ich ihn. *Ich liebe große Brüste, kleine Brüste, alle Brüste,
und ich weiß, daß sie die besten der Welt sind!*

DB: Da staunen Sie, Süße, was? Hab' ich's nicht gesagt? IHRE
BRÜSTE SIND DIE BESTEN BRÜSTE DER WELT!

BUSEN VERÄNDERN

Sie haben immer noch die Freiheit, Ihre Brüste zu verändern, wenn
Sie wollen. Kleiner oder größer. Größer oder kleiner. Die nahelie-
gendste Lösung: Schönheitschirurgie, die schon das Profil und die
Perspektive mancher Süßen verändert hat. Und heutzutage ist die
Chirurgie so populär und leicht verfügbar. Sogar im Radioquiz
kann die glückliche Anruferin Implantate gewinnen.

Aber Chirurgie ist nicht jedermanns Sache. Schließlich und endlich muß man unters Messer, was ganz schön beängstigend sein
kann. Und wenn man eine Schönheitsoperation machen läßt und
wochenlang bettlägrig ist, gibt es möglicherweise Komplikationen,
und dann kommt keiner und tröstet einen – man kriegt auch keine
Blumen oder Schokolade, sondern muß sich anhören: „Du willst
schöner sein? Das hat eben seinen Preis!"

Glücklicherweise gibt es auch andere Möglichkeiten, das, was
Ihnen die Natur mitgegeben hat, noch toller zu gestalten. Zum einen ist da die Macht einer wirklich tollen BH-Garderobe, die ich in
unzensierten Details im folgenden fünften Kapitel enthüllen werde,

**Sind wir nicht
a-temberaubend, b-ombastisch,
c-harmant und d-eliziös?**

dem Sexgöttinnen-Führer für Lingerie. Aber das Wichtigste – ich habe es schon gesagt und werde es wieder sagen – ist, wie Sie zu Ihren Brüsten stehen. Wenn Sie groß nicht mögen, denken Sie stolz!

Der *echte* Bleistifttest

Okay, Puppe, geben Sie's ruhig zu – Sie haben es auch schon probiert. Den Test, der regelmäßig in Illustrierten kursiert, der Ihnen sagt, ob Ihre Brüste in Ordnung sind. Sie sollen Form, Größe und Festigkeit prüfen, indem Sie einen Bleistift unter Ihren Busen legen. Fällt der Bleistift, kriegen Sie eine Eins für Festigkeit. In Wahrheit sieht es so aus, daß man ein Bügelbrett, ein kleines Mädchen oder ein Mann sein muß, um diesen Test zu bestehen. Er ist schwachsinnig und unmöglich und bewirkt bestenfalls, daß Sie glauben, mit Ihren Brüsten wäre etwas nicht in Ordnung.

Aber sehen wir den Tatsachen ins Auge: Die Tester liegen falsch. *Sehr falsch.*

Jede Hübsche mit Konturen sollte *meinen* Bleistifttest machen. Das wird die Wahrheit über die Schönheit Ihrer Brüste an den Tag bringen. Im Französischen gibt es etwa zehntausend Wörter für Busen. Mein liebstes ist *le balcon,* der Balkon. *Ihr Balkon.* Wenn der BH richtig ist und die Träger fest angezogen sind, damit Ihr Quellpotential realisiert wird ... *voila! Le balcon.* Und es ist die Art von Balkon, die Ihre vielen Romeos nur zu gern besteigen würden.

Jetzt zum Test. Zuerst legen Sie Ihren verführerischen *balcon*-betonenden BH an. Jetzt nehmen Sie einen Bleistift und schieben ihn zwischen Ihre Brüste. Bleibt er stecken? Jaaaa? Sie haben den Test bestanden! *Magnifique!*

Einige Busenneid-Männer leiden unter einem Syndrom, das als Busenneid bekannt ist. Es ist die Kehrseite des Penisneids der Frauen. Diese Männer glauben, Frauen hätten durch ihre Brüste Macht und andere Vorteile. Der langen Rede kurzer Sinn: Sie haben etwas, was er nicht hat. Nämlich Brüste. Und das macht ihn eifersüchtig.

Allein der Anblick oder der Umriß eines Busens ist schon sexy.

Große Brüste sind dabei immer die Spitzenreiter, weil sie äußerliche Symbole der Weiblichkeit sind. Brustwarzen, die durch eine Bluse schimmern, sind sexy. Wenn Sie sich nicht gerade sehr bemühen (und warum?), sie zu kaschieren, sind Ihre Brüste erkennbar. Die Leute bemerken sie. Und das ist sexy. Das wichtigste Symbol der Sexualität eines Mannes – sein Penis – ist nie so deutlich sichtbar wie der Busen einer Frau (leider!). Deshalb der Neid. Eine Frau kann nicht umhin, ihre Sexualsymbole zu zeigen, während der Mann seines in der Hose verstecken muß.

Ein weiterer Grund: Brüste sind immer sexy, egal ob die Warzen erigiert sind oder nicht. Das männliche Organ in seiner entspannten Position gilt im allgemeinen *nicht* als erregend. Vielleicht leiden die Männer darunter, daß ihre Sexualsymbole in Topform sein müssen, um anregend zu wirken.

Nachdem Sie jetzt die Hintergründe des Busenneids verstehen, fragen Sie sich wahrscheinlich, wie Sie damit umgehen sollen. Grundregel ist: Sie müssen seine Selbstachtung für das, was er hat, fördern und ihm nicht zu Bewußtsein bringen, was er nicht hat. Genauer gesagt:

1 Betrachten Sie das, was er zwischen seinen Schenkeln hat, in *allen* Stadien als erotisch, von halb sieben bis zwölf Uhr!
2 Sprechen Sie seine offensichtlichen Vorzüge an – Schultern, Brustwarzen, Po, Schenkel ..., was Ihnen gefällt. Machen Sie sie zum Fetisch!
3 Vermeiden Sie es, einem Mann direkt auf den Schritt zu starren, wenn Sie ein normales Gespräche führen. Das ist nicht nur taktlos, sondern weckt auch jegliche Unsicherheit, die sein Unterbewußtsein zu bieten hat.

Brüste im Boudoir

Ach ja, falls Sie es noch nicht bemerkt haben sollten: Jungs lieben Brüste. Sie leben nur für eine Kostprobe Ihres üppigen Busens. Sie stehen darauf, Ihre Brüste anzusehen, von ihnen zu träumen, sie zu berühren usw. (Ja, selbst die, die von Busenneid geplagt sind.) Es grenzt also geradezu an Blasphemie, Ihre Brüste nicht als Zwillingsidole zu betrachten, nicht wahr? Sie müssen Ihre Brüste immer auf die bestmögliche Weise präsentieren, ganz besonders im Bett.

Nehmen Sie einen Handspiegel mit ins Bett, und untersuchen Sie, wie Ihre nackten Brüste von allen Seiten wirken. Einige Ansichten werden verlockend sein – merken Sie sich die Stellungen, und nehmen Sie sie ein, um zu locken und zu erfreuen. Andere Sichtwinkel werden Ihre Schätze nicht gerade positiv betonen. Wenn Sie zum Beispiel auf dem Rücken liegen, gehen manche Brüste wie Teigklöße auseinander. Vermeiden Sie das, wenn Sie für ihn posieren – die Arme immer nah am Körper halten und etwas eindrücken, um das meiste aus Ihren Hügeln zu machen.

Wenn Sie schön finden, wie Ihr Busen in einem reizvollen BH aussieht, dann lassen Sie ihn während des Liebesspiels an.

Noch etwas! Alle Brüste sehen am besten aus, wenn sie erregt sind. Also, bitte, selbstsicher sein, wenn Sie mit ihm im Bett sind – wenn Sie sich gut fühlen, sehen Sie auch gut aus!

Der Busen in der Öffentlichkeit

„Blickpunkt Busen" ist logisch: Das Auge wird unweigerlich vom hervorstehendsten Merkmal angezogen, und Brüste sind doppelt herausragend, weil es zwei gibt. Also spielen Sie sie hoch, wenn Sie ausgehen.

Für „Spiel und Spaß" sollten Sie sich so anziehen, daß das, was Sie haben, gut sichtbar ist.

1 Kaufen Sie Ihre Pullover in der Kinderabteilung oder eine Größe kleiner. (Wenn Kleidungsstücke eng sind, sind Sie sich ihrer viel mehr bewußt, und Bewußtheit ist immer von Vorteil.)

2 Suchen Sie sich tiefe V-Ausschnitte, weit ausgeschnittene Schalkragen.

3 Tragen Sie Kleider mit Rückenausschnitt verkehrt herum.

4 Kaufen Sie Ihre Blusen nicht zu eng, berstende Köpfe sehen schä-

big aus. Aber knöpfen Sie sie auf, soweit Sie sich trauen, gönnen Sie der Welt eine Ahnung Ihrer Gipfel.

5 Was immer Sie drunter tragen, lassen Sie ein verlockendes Stück Lingerie blitzen – ein besonders schöner Kontrast, wenn Sie ansonsten sehr konservativ gekleidet sind.

6 Bringen Sie Ihren Schmuck an strategischen Stellen an.

7 Vergessen Sie nicht das unsichtbare, aber unerläßliche I-Tüpfelchen! Parfümieren Sie die Stelle zwischen Ihren Brüsten *großzügig*!

8 Frauen mit kleinem Busen können tief ausgeschnittene Jacketts mit nur einem Knopf ohne BH und Bluse tragen. Wenn Sie eine Bluse ohne BH tragen, knöpfen Sie nur einen Knopf zu, und stecken Sie die Bluse fest in den Rock.

Wohin Sie auch gehen, was immer Sie für eine Größe haben, Ihre Brüste müssen vorangehen. Halten Sie sich aufrecht, Schultern zurück, Kopf gereckt, um Ihre dynamischen Dimensionen zu betonen. Machen Sie nie einen Buckel, um Ihre Brüste zu verstecken! Sie sollten auch nie Ihre Arme darüber verschränken. Statt dessen verschränken Sie die Arme *unter* ihnen, das hebt, und wie!

Bei gesellschaftlichen Ereignissen können Sie natürlich in eine „Busenschlacht" geraten. Es kann vorkommen, daß Sie in einem Kleid erscheinen, das Sie fast unanständig gewagt finden, und feststellen müssen, daß es wie ein Nonnengewand wirkt neben den anderen Mädchen, die lauter schwarze Kleider mit dem Rückenausschnitt vorne tragen! Lassen Sie so etwas nicht zu einem Dekolletéwettbewerb ausarten – es ist einfach ungezogen, einer anderen Puppe Eiswürfel in den Ausschnitt zu werfen. Sie sollten lieber das nichtsexuelle, aber ausgesprochen sinnliche Erlebnis genießen, sich Busen an Busen mit Ihren Kolleginnen Sexgöttinnen zu befinden.

Sie können ebensogut einem Mann begegnen, der sich nicht vom Anblick Ihres überquellenden Ausschnitts losreißen kann. Das muß noch nichts Schlechtes heißen. Wenn er ein echter Langweiler ist oder unhöflich – Sie wissen schon, vom Typ „fieser Spanner" –, werfen Sie ihm einen vernichtenden Blick zu, halten Sie über seine Schulter hinweg betont nach jemand anderem Ausschau, jemandem, der Sie wirklich zu schätzen weiß, und seilen Sie sich ab.

Glauben Sie Dianne

1982 brachte mich Annie Flanders, ein Genie im Entdecken von Trends und Trendsettern, auf die Titelseite ihres Magazins *Details*. Sie hatte begriffen, daß ich dabei war, einen „großen" Trend vom Stapel zu lassen. Sie schrieb, das zitiere ich ganz selbstsüchtig (es ist schließlich *mein* Buch): „Dianne Brill trägt ihre Brüste so stolz und so frech zur Schau, daß es ansteckend ist. Dianne hat uns gelehrt, auf das, was wir haben, stolz zu sein. Wir haben uns jetzt soweit befreit, daß wir wieder wie Frauen aussehen können und unsere Frau stehen können, wo es nötig ist. Dianne weist uns den Weg. Ich rechne damit, daß in etwa einem Jahr irgendein berühmter Modemacher eine Linie auf den Markt bringt, die die Brüste betont" (Das haben sie alle, und machen es noch, haben Sie das bemerkt? Keine Prahlerei, nur Tatsache.)", und dafür gefeiert werden wird, daß er sie wieder ins Rampenlicht gebracht hat, obwohl diese Lorbeeren Dianne Brill gebühren." Ahh, jetzt fühle ich mich wirklich wie eine Königin ..., soll ich sagen, wie eine Busenkönigin?

OFF SET: ME & MY TRAILER

L.A. LIMO-SHOPPING LUXURY!

BLACK G-STRING ON VACATION IN FLORENCE

Trashy LINGERIE
42697
102 N. La Cienega Blvd.
Los Angeles, California

Mon - Sat
10 - 7

RED BRA & LITTLE BLACK BOOK

BLAZE STARR & TERESA GILMORE

L.A. FREDERICK'S OF HOLLYWOOD

ANTONIA LANGSDORF (M.C. LOLA) SHOWS OFF HER NEW WHITE PURCHASE

QUICK! WHERE'S THE SHOPPING CART?

COFFEE: THE PAUSE THAT REFRESHES

IN PARIS, STOCKING HEAVEN: SHARED WITH A LOCAL BABE

FÜNFTES KAPITEL

Lingerie

Frederick N. Mellinger, König der Versandhäuser für scharfe Unterwäsche, hat in seinem Laden in L.A. ein Schild, das verspricht: Wenn Sie reinkommen, sehen Sie vielleicht aus wie ein Chevy, aber wenn Sie uns verlassen, sind Sie ein Cadillac.

Ein gutes Gleichnis, wenn man sich das Chassis eines 63er Caddy ansieht. Flossen, die nach oben und außen stehen. Runde, glatte Scheinwerfer, perfekt plaziert. Stolze, üppige Schalensitze. Scheibenwischer, die zwinkern wie die Wimpern der heißesten Südstaatenschönheit. Lingerie bewirkt in der Tat, was Mr. Frederick sagt: Sie verwandelt Sie in jede Sexgöttin, die Sie sein wollen. Haremshäschen, Tolle Tigerin, Engelchen oder *Diablesse*.

Lingerie hat in allen Kulturen und Ländern eine spezielle sexuelle Macht. Die Engländer sind phantastisch schräg drauf, bis hin zu allen Extremen; dort tragen Hausfrauen Babydolls aus Kunstleder und Gummi.

Die Italiener wollen modisch sekündlich am Ball sein, alles ist

So wie's aussieht, macht Fastnacht Spaß!

nur Mode, Mode, Mode – wenn zum Beispiel gerade Lederbesatz bei Oberbekleidung Mode ist, tragen sie die passende lederbesetzte Unterwäsche. Die Franzosen setzen auf den Qualitätschic alteingesessener Namen – Hermès-Look für Unterwäsche.

Und die Deutschen erst! Sie feiern die Freiheit, die die Unterwäsche bringt, mit einem sehr ungewöhnlichen Tag! Bei der Weiberfastnacht stürzen sich Frauen, mit Unterwäsche verkleidet und maskiert, auf ahnungslose Männer und schneiden ihnen die Krawatten ab.

Mit jedem Stückchen Lingerie unterstützen Sie Ihr Sexgöttinnentum. Ihre Dessousgarderobe ist Ihre private Unterwelt, eine Welt der Verlockungen. Jedes luxuriöse Wäschestück nährt Ihre Einmaligkeit und hilft, Ihre Aura zu verstärken.

LINGERIE: SIE MACHT DEN LOOK

Gleichgültig, was Sie für die Augen der Öffentlichkeit tragen, die Unterwelt macht es. Der Look – dieses atemberaubende Korsagenkleid aus schwarzem Moiré – kann nicht klappen, wenn Ihre Unterwäsche nicht mitspielt.

Oder angenommen, Sie sind gerade in einem Zwischenstadium, Sie wissen schon, weder diese Figur noch jene, und Sie haben sich noch nicht entschieden, ob Sie üppiger oder schmaler sein wollen. Die Proportionen stimmen nicht, und Sie haben nicht das richtige Gewicht. Was tun? Einziehen? Hochschieben, vorschieben? Lingerie wird diese

Proportionen verbessern. Sie wird Ihren Körper glorifizieren, Ihre Vorzüge zelebrieren und alle Körperteile überspielen, die Sie nicht betonen wollen.

Wenn Sie das Beste aus Ihrem sexy Ich machen wollen, lassen Sie uns Illusion und Wirklichkeit verschmelzen. Es gibt keinen vollkommenen Körper. Das wissen Sie! Aber mit der Unterwelt können Sie überall so manchen Zentimeter abziehen oder hinzufügen. Es liegt in Ihren Händen! Schnüren Sie Ihre Taille zu einem Nichts. Pumpen Sie Ihre Brüste hoch. Zähmen Sie Ihre Hüften. Es gibt BHs, die Ihre gefährlichen Kurven ins beste Licht rücken, Höschen, die jeden Po schön machen, Strapsgürtel, die Beine betonen, die in den richtigen Strümpfen herrlich glatt und fest aussehen. Auf, meine Süßen, macht das Beste aus eurem phantastischen femininen Ich. Bereit? Okay! Wir arbeiten uns von oben nach unten.

Einkauf der Unterweltgarderobe

Wo findet man die beste Lingerie? Kataloge sind toll, weil man soviel Wäsche bestellen kann, wie man will, und nach Bedarf umtauschen kann. Außerdem können Sie alles in der Stille Ihrer vier Wände anprobieren. Das heißt, keine lästige Verkäuferin kann in die Kabine stürmen, während Sie gerade Ihre Brüste zurechtrücken. Und es heißt, daß Sie für Ihren TT eine kleine Boudoir-Modenschau veranstalten und sich bei der Auswahl von seiner Reaktion leiten lassen können.

Natürlich kann man BHs auch in Kaufhäusern und Wäscheläden kaufen. Wenn Sie auf der Suche nach taillenlangen Bustiers oder solchen mit spitzen Körbchen sind, gehen Sie in altmodische Wäschegeschäfte. Sie glauben, da kaufen nur die über achtzig ein? Von wegen!

Wäschepflege

Entdecken Sie die Unterwelt der Lingerie, und Sie werden sie nie mehr nur als Unterbekleidung sehen. Das heißt aber auch: Behandeln Sie sie gut! Behüten Sie Ihren Büstenhalter! Seien Sie gut zu Ihrem Strapsgürtel! Hüten Sie Ihre Höschen! Werfen Sie Lingerie nie wie Geschirrtücher in den Wäschekorb. Waschen Sie sie von Hand mit duftender, farbloser Seife, und lassen Sie sie an der Luft trocknen. Bewahren Sie sie in einer Schublade mit himmlischen Duftkissen auf.

Aha, der BH

Der BH ist die beste Erfindung, die es für uns gibt. Der richtige BH wird Ihr Dekolleté betonen und formen, damit Sie voller, runder und – olala – umfangreicher aussehen. Im Augenblick ist der BH der Renner, der die Brüste in Melonenform bringt, aber es gibt noch andere Konturen zu erforschen. Der Schneekegel! Die Skischanze! Der globale Frontalangriff! Wenn Sie Ihre Zukunft formen und gestalten, suchen Sie sich den BH, der das meiste aus Ihrem Busen macht. An dieser Stelle werde ich Ihnen ein paar BHs und ihre Wirkung schildern.

STEVEN KLEIN

Ah, der BH!

1 Corbeille-BHs mit Bügel sind die Basis für guten Halt. Sie brauchen kein Geschirr zu tragen, aber der BH muß gut konstruiert sein. All Ihre BHs für jeden Tag sollten Bügel haben; sie fördern die feste, freche, etwas spitze Form, die unter schlichten Blusen und Pullovern, T-Shirts und so weiter am besten aussieht. Ein kleines Stück Me-

tall ist nicht gleichbedeutend mit einer Rüstung – wenn der BH richtig paßt, zwickt der Bügel nicht.

Wenn Sie eine phantastische Figur machen wollen (Körbchengröße A bis C), tragen Sie einen hübschen BH mit Bügel und halbhohem Vorderteil; überzeugen Sie sich, daß er gut hebt und teilt. Bei Körbchengröße D oder größer (bis FF) sollten Sie einen BH mit stärkerem Rückenteil kaufen – einer Art sexy Sattel (versichern Sie sich, daß er gut paßt, sonst trifft Sie der Fluch des Wulstes!).

2 Push-up-BHs heben und pressen den Busen jeder Traumfrau (ja, ihr da, die ihr behauptet, bei euch würden sie nichts bringen). Das Geheimnis ist, sie eine Größe größer im Umfang zu kaufen und das Körbchen eine Größe kleiner. Wenn Sie zum Beispiel 34-B brauchen, kaufen Sie 36-A. Der BH wird im Rücken höher sitzen, aber das müssen Sie in Kauf nehmen, wenn Sie ein kompromißloses Dekolleté haben wollen. Außerdem müssen Sie die Träger etwa fünf Zentimeter kürzer tragen als bei jedem anderen BH. Zwängen Sie Ihren Busen in die Körbchen, schieben Sie sie nach oben – *voilà*, ein atemberaubendes Überlaufdekolleté. Push-ups sind ein Muß unter allem, was einen tiefen Ausschnitt hat.

Es gibt verschiedene Arten von Push-up-BHs. Kaufen Sie sich einen Multifunktionsbüstenhalter, der alles kann, von normalem Halter bis überkreuzt. Zeigen Sie herrliches Frauenfleisch in den knappsten Push-ups, die Sie finden können – die Körbchen sehen dann aus wie Halbmonde, die Ihre Brüste kaum bedecken. Für den globalen Frontalangriff nehmen Sie einen Push-up, der an den Seiten verstärkt ist; er schiebt nicht nur hoch, sondern auch rein. Halbhoch geschnittene BHs halten die Kugeln am Platz und zeigen nur einen Vorgeschmack auf Ihren Vorderbau: toll für tiefe Ausschnitte.

3 Gepolsterte BHs sind Ihre Geheimwaffe für eine hinreißende, üppiger gerundete Figur. Unerläßlich: Eng schnallen, damit die Polsterung in keiner Stellung zu sehen ist. Diese BHs eignen sich am besten für Stretchtops und Kleider. (Wenn Sie Implantate im Kopf haben, testen Sie die verschiedenen Größen durch das Tragen gepolsterter BHs.) Gepolsterte BHs können wenig oder sehr viel auftragen (bis zu zwei Körbchengrößen).

4 Spitze oder in Spiralen abgenähte Körbchen geben Ihnen die ultra-spitze Pullovergirlfigur. Die Bustierversion schnürt die Taille; wenn Ihre Mitte schlanker aussieht, wirkt Ihr Busen automatisch größer und aufreizender.

5 BHs, die die Brustwarzen frei lassen, schaffen eine unglaubliche optische Illusion – sie sind so konstruiert, daß sie Ihre Brust heben, aber die ausgeschnittenen Spitzen stellen die Brustwarze zur Schau. Dieser BH ist ein Fetisch, denn Sie tragen ihn schlicht und einfach für Sex! Männer lieben ihn! Wenn Sie wollen, daß Ihre Brustwarzen unter Ihrer Kleidung zu sehen sind, dann ist das Ihr BH!

6 No-BHs treiben die Zurschaustellung der Brustwarzen auf die Spitze – sie enthüllen praktisch die ganze Brust: ein schlichter Bügel, der den Busen mit etwa drei Zentimetern BH hochschiebt.

7 Trägerlose BHs sind nicht gerade meine Favoriten – ein langes Korsett erzeugt eine bessere Figur –, aber tagsüber sind sie bequemer und erfüllen ihren Zweck. Die besten stützen, schieben und sind gepolstert.

Investieren Sie in Ihre Brust, dann wird Sie Ihr größter Schatz sein. Das heißt nicht, daß Sie nur teure BHs kaufen sollen – die sind meist gar nicht sexy, wozu also die Mühe? Es gibt natürlich Ausnahmen. Brassiere-Couturiers, die BHs nach Maß anfertigen, kennen sich aus wie kein anderer – Busen sind ihr Geschäft, und sie widmen sich mit ganzem Herzen ihrer Kunst. Solche Künstler gibt es fast in jeder großen Stadt, sehen Sie im Branchenbuch nach.

Billige BHs bringen immer Spaß und sind meist sexy (wir alle kennen den Unterschied zwischen billig, weil es wenig kostet, und *billig* billig); kaufen Sie sich einen Vorrat in allen Formen, Größen, Farben und Materialien. Keine Schlamperei bitte, werfen Sie einen

BH weg, sobald er Gebrauchsspuren zeigt. Sie dürfen Ihren kostbaren Busen nie in abgetragene Körbchen oder schlaffe Polster quetschen. Die Träger müssen elastisch sein wie beim Kauf. Der Verschluß muß leicht zuzumachen und zu öffnen sein.

EIN SCHNELLKURS IN KORSETTS

Ein ganzes Push-up-Korsett ist ein Muß für Ihre Unterweltgarderobe. In klassischer Taillenlänge ist es die perfekte Haltungshilfe, dreiviertellang (endet an der Hüfte) ebenso. Für jeden Tag? Natürlich nicht! Aber abends, mit einem Korsagenkleid, dieses feste, hochgeschobene, gerundete Dekolleté ... hmmm; es macht Ihren schönen Balkon zu einer wahren Pracht.

Ein klassisches Vollkorsett nimmt etwas von den fleischigen Seiten Ihrer Brust, schiebt sie rein und rauf und kombiniert sich mit Ihren Brüsten zu einem atemberaubenden Anblick. Deshalb sehen die meisten Frauen auf Fotos von vor 1970 wie Traumgöttinnen in ihren Korsagenkleidern aus, während heutzutage die meisten Frauen mit so gewagten Schnitten schlampig und unattraktiv wirken. Aber wenn man diese modernen Hübschen in die korrekte Unterbekleidung steckt, werden sie sofort zu Traumgöttinnen.

Design und Konstruktion solcher Korsetts sind geradezu genial. Natürlich sind sie nicht unbedingt bequem – sie werden wahrscheinlich Aua sagen, wenn Sie das erstemal eins vor Augen haben –, besonders wenn Sie viel sitzen (dann können sie richtig bösartig zwicken). Tragen Sie gelegentlich ein Korsett, zum Beispiel zu einer besonderen Party. Mit der Zeit werden Sie sich daran gewöhnen, und der Effekt ist es wert. Ihre Taille und ihr Brustkorb werden superschlank, während die Hüften gerundet und glatt bleiben. Sie sollten ein Korsett mit abnehmbaren Strapsen und Strümpfen tragen. Es hält die Strümpfe, und alles bleibt an seinem Platz.

Aha! Aber was darf man in dieser Vorrichtung alles nicht machen? Beugen Sie sich auf keinen Fall zu weit vor, oder Sie riskieren eine BUSENEXPLOSION! Ka-buum! Direkt aus den Korsettkörbchen. Statt dessen sollten Sie den Bunnyknicks machen.

Der Bunnyknicks

Diese Technik wurde Anfang der sechziger Jahre in den Playboy-Clubs entwickelt, um Unfälle zu vermeiden. Die Playboy-Bunnies, die die Drinks servierten, wurden von der Geschäftsleitung angewiesen, sich in ihren Kostümen nicht vorzubeugen. Lachen Sie nicht! Heute klingt es absurd, aber einige wichtige Frauen sind schon als Playboy-Bunnies herumgehopst, von der blonden Legende Debbie Harry bis zu Gloria Steinem, die über den Club geschrieben hat. Ein interessantes Experiment, den schlimmsten Sexismus hautnah zu erleben, denken Sie vielleicht. Ich bin der Meinung, daß sich die Bunnies auf Grund des Rufs, den ihnen Job und Kostüm einbrachten, so sittsam wie – sagen wir – Mormoninnen benehmen mußten.

Der Knicks funktioniert nicht nur, wenn Sie etwas abstellen wollen, sondern auch, wenn Sie etwas aufheben wollen, und er geht so:

1 Vergewissern Sie sich, daß das Objekt oder das Subjekt direkt vor Ihnen ist.
2 Schultern entspannen, Hals gerade, leicht in die Hocke gehen.
3 Weiter in die Hocke gehen, Knie zusammen, leicht nach rechts deuten (zum Ausbalancieren und weil es stilvoll ist).
4 Mit der linken Hand aufheben oder abstellen.
5 Richten Sie sich langsam und mit Haltung wieder auf. Ihre Augen sollten arrogant funkeln, als hätten Sie gerade ein Kunststück vollbracht, das nur wenige so majestätisch beherrschen!

TAILLENMIEDER:

Ebenfalls ein Muß aus der Familie der Korsetts. Sie sind nicht nur supersexy, sondern auch praktisch: All meine Freundinnen und ich wissen, daß diese Mieder ideal sind, wenn man mit prämenstruellem Blähbauch ein enges Kleid tragen will.

Ein ausgezeichnetes Modell für den kleinen Busen ist das dreiviertellange Taillenmieder. Es reicht vom Busen bis zur Hüfte und formt zwei Us unter den Brüsten – als hätte man die Körbchen aus einem normalen Korsett geschnitten. Der U-Rahmen betont Brüste und Brustwarzen, zeigt stolz Ihren Busen. Kaufen Sie das Mieder eine Größe zu klein für die maximale Übertreibung Ihrer Konturen. Sie können viele Zentimeter Taille verlieren und Ihren Busen betonen, das heißt die viel beneidete Wespentaille haben. Nichts wird plattgedrückt außer Ihrem Bauch. Natürlich ist dieses Modell in allen Größen brauchbar. Es kann mit oder ohne BH getragen werden. Angenähte Strapse verhindern, daß die untere Hälfte des Taillenmieders hochschnellt, wenn Sie sich setzen.

Mein Lieblingsmieder ist aus schwarzem Satin, hinten und vorne geschnürt. Das sieht an jeder von uns phantastisch aus! Leider sind diese Dinger meist aus billigem Stoff und haben nur eine kurze Lebensdauer. Deshalb sollten Sie sie für besondere Gelegenheiten aufsparen.

STRAPSGÜRTEL UND STRÜMPFE

Ihr wißt, was Strapsgürtel sind, Mädels! Und Ihr kennt auch das Problem mit ihnen: Sie enden immer auf den Hüften, wo sie doch um die Taille viel sexyer aussehen. Die Lösung: die Näherin (oder Sie selbst; es geht im Handumdrehen). Einfach einschlagen und festnähen, und schon schmiegt er sich schmeichelnd um ihre Taille.

Strapsgürtel sind allein dazu da, die Strümpfe zu halten. Mit anderen Worten, sie können weder stützen noch eine Grundlage sein. Trotzdem haben sie zweifellos etwas Anziehendes. Sie sehen angezogen aus, obwohl Sie ausgezogen sind. Sie geben Ihnen das Gefühl, nackter zu sein, wenn Sie ihn in Ihrem Königinnenreich willkommen heißen. Zusammen mit den Strümpfen sind sie die klassischen Flirtwerkzeuge. Außerdem haben sie gegenüber der guten alten plebejischen Strumpfhose den Vorteil, daß Ihr Mann das Gefühl hat, daß Sie sich besondere Mühe gegeben haben, um für ihn sexy auszusehen. Und sie machen Sie besonders zugänglich, wenn die richtige Zeit gekommen ist.

Bei intimen Manövern sind Strapsgürtel und Strümpfe Ihre

KEN NAHOUM

Taillenmieder: ein einschneidendes Gefühl.

Kampfuniform, Ihre Rüstung, Ihr Schutz. Sie schaffen delikate Distanz, ein bißchen Geheimnis zwischen Ihnen und Ihrem Liebhaber. Sie verbreiten ein Gefühl von Hemmungslosigkeit, Unkonventionalität und Unvorhersehbarkeit. Angetan mit Strapsen und Strümpfen werden Sie zum Auslöser kreativer Liebesspiele. Sie sind

Sie – und trotzdem eine Gestalt aus einer Phantasie. Und Phantasie gehört sich im Bett! (Ein Wort der Warnung: Diese Art Kostüm muß richtig eingesetzt werden! Sie sollten es mal anlassen, mal ausziehen ..., das müssen Sie entscheiden.)

Paßform und Position sind besonders wichtig. Es gibt drei Längen von Strümpfen. Ich bevorzuge Opernlänge, die ganz oben am Schenkel endet, wenige Zentimeter unter der Bikinilinie. Ich mag diesen Look, weil er die zwei Porundungen wunderbar betont, während er fette Schenkel kaschiert und glättet. Außerdem halten diese Strümpfe im Bett am besten. Die einzige Schwierigkeit ist, daß es diese Länge nur selten zu kaufen gibt. Sie können es in Stripperläden versuchen. Eine Alternative sind Stretchstrümpfe – sie sind nicht so feinmaschig, aber man kann sie auf Opernlänge dehnen. Kaufen Sie nie halterlose Strümpfe! Sie rutschen oder machen Wülste.

Die Länge bis zur Mitte des Schenkels läßt den fleischigsten Teil ihres Beins frei ... und Männer sind ganz wild darauf zu fühlen, wie Ihre seidigen Strümpfe in Ihr sahniges Fleisch übergehen. Qualität und noch mal Qualität! Damit es keine Wülste gibt, dehnen Sie die Strümpfe im Oberschenkelbereich in alle Richtungen.

Strümpfe in viktorianischer Länge reichen ein paar Zentimeter übers Knie. Sie geben Ihnen das Gefühl, überhaupt keine Strümpfe zu tragen ... Sie haben totale und vollkommene Schenkelfreiheit. (Warnung: Wer diese Strümpfe tragen will, muß perfekte Schenkel haben!) Diese Strümpfe sehen hinreißend zu konservativen Sachen wie langen Röcken aus. Es wird ein wunderbarer Schock für Ihren TT sein, wenn er sieht, wie nackt und sexbereit Sie unter Ihrer Eisbergverkleidung sind.

Suchen Sie sich Ihre Strümpfe nach Laune aus – aber vergessen Sie nie, was Ihr TT mag (nicht vergessen, Sie ziehen sich immer für zwei an!). Die kubanische Ferse ist eine Verstärkung, die rautenförmig an Ihrem Knöchel hochzeigt. Das macht schlank, und die Naht macht die Waden rundlicher. Sehen Sie die Naht einfach als Zündschnur, die zu Ihrem Dynamit führt.

Schiefe Nähte

Wie Sie verhindern, daß Ihre Nähte rutschen:

1 Ihre Beine müssen immer glattrasiert sein – keine Stoppeln!
2 Cremen Sie sich die Beine mit Feuchtigkeitscreme ein, lassen Sie etwas feuchte Lotion auf Ihrer Haut (dann kleben die Strümpfe da, wo Sie es wollen).

MICHEL COMTE

Brava! Brava!

Auf die Diva

mit den Strümpfen

in Opernlänge.

3 Drehen Sie die Strümpfe um – das ist ein Trick, mit dem man die Nähte gerade halten kann.

4 Stecken Sie Ihre Daumen vorsichtig in den Strumpf, und raffen Sie ihn langsam und gleichmäßig mit den beiden Zeigefingern zusammen.

5 Setzen Sie sich, beugen Sie das Knie, und spitzen Sie die Zehen. Schieben Sie den Strumpf über Ihre Zehen, und streifen Sie ihn dann langsam über Fuß und Knöchel; vergewissern Sie sich, daß die Naht in der Mitte der Ferse ist.

6 Streifen Sie den Strumpf weiter über Ihre Wade hoch.

7 Hüpfen Sie zum Spiegel; prüfen Sie den Sitz von hinten. Wenn die Naht nicht gerade ist, ziehen Sie den Strumpf wieder bis zum Knöchel hinunter, und rücken Sie die Ferse zurecht.

8 Ziehen Sie den Strumpf bis ganz nach oben, und befestigen Sie ihn am Strapsgürtel. Die Strapse müssen genau in der Mitte sitzen, vorne und hinten. Schiefe Strapse machen schiefe Nähte.

(Kleiner Tip: Frieren Sie Ihre Strümpfe vor dem Tragen immer ein. Ich weiß nicht warum, aber irgendwie wird das Material dadurch widerstandsfähiger, und die Strümpfe haben eine längere Lebensdauer. Sie müssen im Kühlschrank aufgetaut werden.)

Eine kurze Anmerkung zu Strumpfhosen: Sie sind im normalen Alltag sinnvoll und für manche Moden erforderlich. Aber verwechseln Sie nie Strumpfhosen mit Strümpfen und Strapsen. Strumpfhosen ohne Zwickel und Strumpfhosen mit aufgestickten Strapsen sind bestenfalls Kompromisse. Vernünftige Sexkleidung ist ein Widerspruch in sich.

Farben sind eine Frage des persönlichen Geschmacks und des Kombinierens verschiedener Kleidungsstücke. Aber es gibt eine Farbe, die keine Frau je tragen sollte: sonnenbraune Strumpfhosen. Kräftige „Hautfarben" sind ein totaler Fehlgriff. Hautfarbene Strümpfe sollen Ihr Fahrgestell glätten und betonen, nicht Ihre Abstammung verändern. Und bedenken Sie: Kragen und

Manschetten müssen passen, was die hautfarbenen Strümpfe betrifft. Nehmen Sie extra dünne. (Tip: Wenn Sie einen blauen Fleck am Bein haben, nehmen Sie einfach ein bißchen Make-up. Mit leichten, fedrigen Strichen einreiben und ein bißchen überpudern.)

G-STRING KONTRA HÖSCHEN

Höschen sind ein Problem. Fast die ganze zeitgenössische Mode hat keinen Respekt vor Höschen als Untergewand. Ich kann Ihnen aus eigener Erfahrung sagen: G-Strings oder gar nichts sind die einzigen Möglichkeiten. Höschen zeichnen sich überall ab, auch unter Jeans. Und den Designern ist das egal, ihre hautengen Klamotten nehmen darauf keine Rücksicht.

Die meisten von Ihnen lieben wahrscheinlich Höschen. Sie haben sie schon als kleines Mädchen getragen. Sie glauben, Sie schmeichelten Ihrer Figur. Die Vorstellung eines G-String ist Ihnen unangenehm …, was heißt, daß Sie wahrscheinlich noch nie einen anhatten.

Bevor ich mich lang und breit darüber ergehe, warum ich eine so begeisterte Verfechterin des G-String bin, erlauben Sie mir zu sagen, daß ich eine Wäscheliberale bin – tragen Sie das, worin Sie sich wirklich wohl fühlen. Stephosen, Baumwollhöschen, Bikinihöschen oder Liebestöter. Ein Mädchen mit Phantasie kann jede Unterweltherausforderung in Fahrt bringen. Aber tun Sie der Brill einen Gefallen, ja? Nur einen. *Probieren* Sie einen G-String.

Ich hatte eine kleine Rolle in dem Film *Blaze,* der das Leben der legendären Blaze Starr schildert. Ich spielte eine Stripperin; ich mußte zwar nie wirklich strippen, aber als Kostüm trug ich die wahnsinnigsten G-Strings mit passenden Nippelschonern. In einer Szene muß ich aus einer riesigen Muschelschale springen und vor dem Star des Films, Paul Newman, davonlaufen, der mit der Pistole in der Hand mitten in der Vorstellung auf meine Bühne springt. Obwohl ich in vollem Kostüm auf meine Auftritte warten mußte – auf dem Set, im Wohnwagen, in der Maske, beim Mittagessen, bei Interviews, sitzend und stehend –, war dieser

G-String mit seinen Pailletten und Muscheln nie unbequem. Er kniff nicht, zwickte nicht, schnitt nicht ein, wanderte nicht und machte auch sonst nichts, was mich behindert hätte. Warum nicht? Weil er paßte!

G-Strings sind keine verdrehten Folterinstrumente. Vergessen Sie die Eine-Größe-für-alle-Strings. Wenn Sie nicht extrem schlank sind, kriegen Sie davon Krämpfe. Sie müssen die richtige Größe kaufen; wenn der G-String mickrig aussieht, ist er mickrig; nehmen Sie ihn eine Größe drüber. G-Strings sehen nicht nur unter allem besser aus, sie sind auch sexyer als Höschen, wenn Sie die richtige Größe und Machart kaufen. Ich spreche nicht von einer Schnur. Was wir haben, sind zwei Zentimeter weicher Stoff, die nicht einengen. He, dieser Typ von G-String oder Tanga wurde ursprünglich entworfen, um Ballerinen mehr Bewegungsfreiheit zu geben; wenn man damit Pliés schafft, muß er bequem sein.

Der Tanga ist ein Muß, aber Sie brauchen eine Garderobe von sexy Schnüren ... für Sex! In diesem Fall zählt Bequemlichkeit nicht! Lassen Sie sich gehen! Das ist genau wie beim Orgasmus, je mehr man hat, desto mehr will man haben. Es gibt kein Gesetz minderer Gebrauchsfähigkeit beim Sammeln von G-Strings. Suchen Sie Verzierungen und Gags, die ihn entzücken, von strategisch plazierten Reißverschlüssen bis zu, glauben Sie's oder nicht, G-Strings ohne Zwickel.

Was Farben uns sagen

Lingerie ist Ihr Launenspektrum. Der Ton der Wäsche, die Sie tragen, bestimmt den Stil Ihres Liebesspiels und auch den der anderen Sachen, die Sie machen. Verschiedene Farben beschwören bestimmte Botschaften heraus, lösen bestimmte Reaktionen aus.

Für mich gibt es drei Primärfarben: Weiß, Schwarz und Rot. Andere Farben können Sie nach Lust und Laune tragen. Und einige Farben sollten Sie überhaupt nicht tragen!

Ein guter Rat in Sachen Weiß: Es sieht unschuldig aus, aber es ist verräterisch. Nach einer explosiven Nacht wird das Salz seines

Schweißes, das Futter Ihres engen schwarzen Rocks, die parfümierte mandarinenfarbene Seife, mit der Sie Ihr weißes Was-immer-es-Ist waschen, das Deo, das angeblich keine Flecken macht –, all das wird zur kurzen Lebensdauer der Unschuld beitragen. Und Ergebnis ist ein schmutzigweißer, grauer und/oder gelber Schleier.

Beige, Hautfarben und Gelb sind verboten. Verbannen Sie die drei aus Ihrer Unterwelt. Beige sieht aus wie altes Weiß; vergessen Sie's. Hautfarben ist funktionell, sieht aber irgendwie nach Krankenhaus aus ..., und wenn Sie noch einen Grund brauchen, Männer hassen es! Und Gelb? Nie im Leben! Wagen Sie es ja nicht! Nicht etwa weil ich nicht auf Gelb abfahre. Ich habe sogar zum Entsetzen meines Lehrers in der Junior High eine grauenhafte, alberne Ode darauf gedichtet.

Ode an Gelb: meine Lieblingsfarbe
Alle Kinder in der Schule lieben Blau und Rot.
Alle Rockstars, alle Teenageridole lieben Blau und Rot.
Aber meine Lieblingsfarbe ist trotzdem Gelb.
Und ich mag es.
Niemand sagt mit Gelb etwas Nettes.
Es steht nur für Feigheit, Neid
Und Falschheit.
Alle sind häßlich zu Gelb,
Nur ich nicht.
Jedesmal, wenn mich jemand fragt:
„Dianne, was ist deine Lieblingsfarbe?",
Sage ich, ohne nachzudenken: „Gelb!"
Alle Kinder brüllen: „Iiih, ich mag kein Gelb!"
Aber ich will, daß die arme Farbe weiß,
Daß jemand zu ihr hält.
Ich.

Liebes Gelb, du bist noch immer meine allerliebste Lieblingsfarbe. Außer bei Wäsche. Absolut verboten!

DER FARBENSCHLÜSSEL FÜR DIE UNTERWELT:

Suchen Sie eine Farbe aus, und überprüfen Sie, was sie bedeutet.
Dann schlagen Sie zu, Sie Boudoirgranate!

Weiß: Unschuld. Reinheit. Vertrauen. Braut.
Schwarz: Himmlisch lüstern. Lustvoll und willig. Hungrig,
verführerisch, beherrschend, bereit (jetzt sofort!). Erfahren. Stark.
Rot: Schnell. Unersättlich, zugänglich, begehrt. Schön für die Haut.
Playmate. Riskantes Spiel mit dem Klischee. Die erste Wahl neben
Weiß und Schwarz. Wenn eine Puppe rot trägt, *meint* sie es ernst.
Fuchsienrot: Heißes Baby. Leicht und schnell zu kriegen. Fast rot.
Rosa: Verspielt. Fast Unschuld. Die unartige, aber nette Kokotte.
Intensivere Töne, besonders mit schwarzem Besatz, bedeuten
„weibliches Dreieck".
Grau: Schicker Eisberg.
Hautfarben: Praktisch. Gemäßigte Selbstkasteiung.
Beige: So subtil, daß es schon wieder langweilig ist. Unbedrohlich.
Neonfarben: Modischer Gag. Nicht ernst. Nicht sexy ... außer bei
Schwarzlicht, dann *unglaublich*!
Blau: Cool, aber sanft. Naivität ..., aber nur vorgetäuscht.
Marineblau ist originell – faszinierend, aber nicht immer –, und
Vorsicht, es könnte Eisberg bedeuten wie Grau.
Pfirsich: Immer die Brautjungfer, nie die Braut.
Gelb: Denken Sie dran – tun Sie es bloß nicht.

Material, Besatz, Verzierungen, Verschlüsse usw.: Was sie bedeuten

Vergessen Sie nicht den Zauber des Materials! Seiden, Spitzen, exo-
tisch verzierte Luxuswäsche gibt Ihnen das Gefühl, sexy zu sein, also sehen Sie auch sexy aus, wenn Sie sie tragen. Einmal war ein
Liebhaber völlig hingerissen von der winzigen roten Rose, die zwischen meinen BH-Körbchen saß. „Eine Rose auf einer Rose", mur-
melte er. Gleich am nächsten Tag schickte er mir zwei Dutzend
langstielige Prachtexemplare, und als wir am Abend zusammen

waren, nahm er eine Rose aus der Vase, strich damit über besagte Stelle auf meinem BH und flüsterte voller Leidenschaft: „Eine Rose auf einer Rose auf einer Rose." Vielleicht war das ein bißchen zuviel des Guten, aber Sie sehen, man fühlt sich nicht nur gut in der richtigen Wäsche, sie steigert auch die Attraktivität für Männer!

MATERIALFÜHRER FÜR DIE UNTERWELT

Satin: Feucht. Schlüpfrig. Fällt gut. Hautkontakt wichtig!
Mattseide: Nicht halb so sexy wie Satin. Der Altmodisches-Mädchen-Look – hat auch sein Publikum. Manche Seiden fühlen sich trocken an, wie Antiperspirants (nicht kaufen). Muß gebügelt werden. Verliert schnell die Farbe.
Baumwolle: Das beste für G-Strings oder V-Ausschnitte. Sicher. Frisch. Sauber. Sportlich.
Samt: Üppig. Elegant. An der Grenze zu puffig, aber von der besten Seite.
Netz: Er wird den Köder schlucken. Totale „Sie trägt das für mich!"-Wäsche.
Chiffon: Weich. Flauschig. Streichelfreundlich. Schnuckelig.
Bänder: An den Seiten, zum Auf- und Zubinden – nie selbst: Geben Sie ihm ein Ende, und sagen Sie: „Bitte ziehen."
Blumen: Siehe meine „Rose auf einer Rose"-Geschichte.
Schnallen: Hart. Heftig. Viel Arbeit.
Herzen: Sex-Magazin-sexy in den Augen mancher Typen, aber wir fühlen uns damit süß und hübsch.
Klettverschlüsse: Nicht mal im Traum!
Druckknöpfe: Im Schritt notwendig und praktisch.
Reißverschlüsse: Wenn sie langsam geöffnet werden, sehr gut. Vorsicht – nicht verhaken!
Knöpfe: Wirklich sexy, weil man soooooo lange braucht, um sie zu öffnen.
Vorhängeschlösser: !!!!!

Okay! Ich weiß! Schlösser für die Unterwäsche? Sie denken: „Dianne, Süße, machst du Scherze oder was?" Dazu möchte ich Ihnen eine kleine Schloßgeschichte erzählen.

Ich war zur Verleihung der Emmy Awards in Los Angeles eingeladen und wurde als „Dianne Brill, the Siren of Style" angekündigt. Ich sollte in einer Talkshow über die berüchtigten modischen Verirrungen der Emmy-Zeremonie sprechen. „Klasse!" dachte ich. Natürlich war ich ungeheuer aufgeregt. Ich trete wahnsinnig gerne im Fernsehen auf und war wild entschlossen, eine perfekte Brill-Nummer in der Show abzuziehen. Aber die wahre Vorfreude war die zu wissen, daß ich im Mekka der Mode der Leidenschaft einkaufen konnte. Nirgendwo sonst auf der Welt gibt es so aufregende Lingerieläden.

Ich ging sofort nach meiner Ankunft in meinen Lieblingsladen, eine Wunderwelt, in der es alles für jeden Lingeriegeschmack gibt, auch für den extremsten.

Mit einemmal fühlte ich diesen *Drang*. Sie kennen das Gefühl: Ich werde jetzt jeden Kleiderständer durchforsten, bis ich den absoluten Gegenstand finde! Den besten G-String aller Zeiten. Ich kämpfte mich unbeirrt durch die kleinen Bügel, sammelte unterwegs ein paar „Vielleichts" und „Warum Nichts". Und da war er plötzlich(!), versteckt im Ständer für Sonderangebote.

Schwarzgoldene Kettenvollkommenheit. Mit Ösen genäht, durch die die Kette mit dem goldglänzenden Vorhängeschloß gezogen war. Mit zwei Schlüsseln. Ah! Einer für mich ... und einer für „ihn" (gut durchdacht!). Ein selbstauferlegter Keuschheitsgürtel mit zwei Schlüsseln!

Jedenfalls war ich *die* Königin der Emmys in meinem juwelenbesetzten Thierry-Mugler-Kleid, das den Po freiläßt, machte die Fernsehshow und flog zurück nach New York. Ich packte meinen Keuschheitsgürtel-G-String weg in der festen Überzeugung, daß eines Tages der TT kommen würde, von dem ich aufgesperrt werden wollte. Es passierte. *Der* TT kam tatsächlich.

Es war am Anfang unserer Beziehung, als alles noch *Fantaisie à la mode* war. Alles ist erlaubt – es gibt keine Grenzen, kein Falsch oder Richtig ... nur wonniges Erforschen. Also, wir waren irgendwo und machten irgend etwas – zu Abend essen wahrscheinlich –, und den ganzen Abend lang spürte ich nur die Präsenz meines Vorhängeschlosses. Und ich mußte ständig daran denken, daß ich morgen nach Paris fliegen mußte. Wir unterhielten uns traurig über meine Abreise – unsere erste Trennung, seit wir uns kennengelernt hatten. Schließlich fuhren wir in meine Wohnung.

Er hielt mich und liebkoste mich – ooh, ich war so wild auf ihn! Ein Problem: Durch das Rumrollen und Rangeln konnte ich den Schlüssel nicht mehr finden! Er küßte mich. Er berührte mich. Aber ich ließ ihn nicht *richtig* in meine Nähe ohne den Schlüssel.

Mein Gott! Ich hatte das schon so lange geplant, und jetzt wollte ich das Spiel nicht abbrechen. Er flehte mich an, ihm meinen G-String zu geben, und ich sagte: „Ja, Schatz ..., wenn du mich mit dem Schlüssel aufsperrst." Er durchsuchte mich *überall*, um den magischen Schlüssel zu finden. Er bettelte und suchte, bettelte und suchte. Es machte Spaß ..., aber dann kam der Augenblick des Aufsperrens, ich hatte nämlich den kleinen Schlüssel auf dem Teppich entdeckt. Ich schlängelte uns beide dorthin, damit ich den Schlüssel unauffällig aufheben konnte, aber dann entdeckte er ihn auch. Wir stürzten uns beide darauf. Ich erwischte ihn! Ich behielt den Schlüssel und neckte ihn damit. Ich sagte, wenn er drei schöne Dinge über mich sagen könnte, würde ich ihm den Schlüssel geben. Er tat es. Ich küßte ihn mit dem Schlüssel auf der Zunge. Er nahm ihn in den Mund und dann in die Hand. Langsame Sekunden später war ich aufgesperrt.

Aha! Das dicke Ende dieser romantischen Geschichte passierte am nächsten Morgen, als er darauf bestand, mich wieder zuzusperren. Ich sagte: „Äh, ähm, ja, richtig ..., aber was ist mit dir?" Er versprach mir völlige Treue, während ich im Geist einen G-String mit Schloß für ihn entwarf. Wenn ich zurück war, würde ich zu einer Näherin in der Nachbarschaft gehen, dachte ich, aber heute

Frontalansicht

des popofreien

Thierry-Mugler-Kleids –

aber zur Emmy-Verleihung

flog ich solo.

Foto: Michel Comte

durfte er mich ruhig einsperren. Schließlich *gab* es ja einen *zweiten* Schlüssel, von dem nur ich wußte! Nach der Zuschließzeremonie befestigte er den Schlüssel an seinem Schlüsselbund, und nach einem süßen Abschiedskuß am Flughafen schickte ich ihm noch ein paar Kußhände nach und sah, wie er mir auf dem Weg zur Sicherheitskontrolle nachblickte. Ich winkte ihm noch einmal zu, ehe er außer Sichtweite verschwand, lächelnd, mit dem Schlüssel in der Hand, so daß ich ihn sehen konnte.

Ich ging durch die Security-Schranke ..., und die Maschine drehte total durch, biepte, summte, leuchtete auf. Ich lud meine Kamera ab. Meine Hausschlüssel. Die silberne Gürtelschnalle. Ohrringe. Sie summte immer noch! Ich war natürlich spät dran für meinen Flug, also dachte ich, es wäre das beste, mit dem Mann an der Sicherheitskontrolle zu scherzen. „Hören Sie", sagte ich. „Wegen mir brauchen Sie keine Angst zu haben! Wir Sexbomben brauchen keine Waffen zu schmuggeln ... Wir haben unsere natürliche Artillerie!"

Eines sollten Sie nie vergessen, wenn Sie es mit Mitgliedern des Sicherheitsdienstes, egal welche Klasse oder Rang, zu tun haben: *Sie haben keinen Sinn für Humor!* Besonders wenn es um summerträchtige Wörter wie Bombe, Waffe, Artillerie geht.

Es endete mit einer vierstündigen Durchsuchung meines Gepäcks. Mantelfutter. Puderdosen. Schuhabsätze (fünfzehn Paar schwarze Stilettos für eine fünftägige Geschäftsreise). Sogar meine Frisur wurde durchsucht. Und dann brachten mich zwei riesenhafte Frauen in einen sehr kleinen Raum, und während draußen weiter mein Gepäck durchsucht wurde, tasteten die Frauen mit einem Metalldetektor meinen Körper ab. Ganz langsam. Alles war wunderbar. Bis sie in diesen bestimmten Bereich kamen. Ja, natürlich! Mein G-String mit Vorhängeschloß!

Um eine Leibesvisitation zu verhindern, zeigte ich den beiden Sicherheitsbeamtinnen sofort meinen abgesperrten G-String. Sie sahen sich an. Dann grinsten sie mich an wie die Katze aus Alice im Wunderland – und baten mich, kurz zu warten. Sie kamen in weni-

Mein selbstverordneter Keuschheitsgürtel:
ein Schlüssel für ihn, ein Schlüssel für mich.

gen Minuten zurück und sagten, ich könne gehen, ein anderer Flug sei arrangiert worden. Alle Augen waren auf mich gerichtet, als ich den kleinen Raum verließ. Ich war erschöpft, ich schämte mich, aber irgendwie war da auch ein Gefühl des Triumphs. Sie behandelten mich wie einen Würdenträger, halfen mir mit dem Gepäck und begleiteten mich zum Flugzeug. Ich werde nie erfahren, was die beiden grinsenden Frauen zu ihren Vorgesetzten sagten, um mich und mein Schloß zu befreien. Vielleicht verstehen Frauen sich ganz selbstverständlich, alle Frauen − selbst Sicherheitsbeamtinnen −, wenn es um Herzensangelegenheiten geht. Oder vielleicht ist ein G-String mit Schloß eines der Dinge, die sogar Sicherheitsbeamte mit Humor sehen.

Der richtige Schuh.

SECHSTES KAPITEL

Hochhackige Schuhe

Hochhackige Schuhe sind Ihre Piedestale. Sie verwandeln jedes Paar Füße in Sexsymbole. Tragen Sie sie, zeigen Sie die provozierende, schnurrende, katzenhafte Seite Ihrer Sexualität. Sie müssen sich bewußt sein, daß High Heels Piedestale sind: Pose, Pose, Pose! Tolle Typen werden Ihnen reihenweise zu Füßen liegen, dort, wo alle guten Männer von Zeit zu Zeit hingehören. Oh, bitte Vorsicht, stolpern Sie nicht über die Berge von Männern, die auf Ihrem Weg verstreut liegen. So, meine Süßen, und jetzt rein in die hohen Hacken und das Fahrgestell in Bewegung gesetzt.

Das ist Gesetz: Schuhe müssen immer sexy sein. Warum sollten sie das auch nicht sein, solange es Pumps, Stilettos und ganz hohe Hacken gibt. Gesunde Schuhe? Die Absätze sollten mindestens neun Zentimeter haben. Barfuß im Sand? Nett. Aber sobald Sie am Steg angelegt sind, rein in die Strandpumps. Glauben Sie mir, schöne Frau, selbst Ihr Bikini fühlt sich anders und sexy an.

Die richtigen Stöckelschuhe haben zahllosen Frauen Ruhm und Reichtum gebracht, von Betty Grable bis Eva Peron. Vergessen Sie Diamanten (okay, vergessen Sie sie nicht, aber setzen Sie Ihre Prioritäten richtig): High Heels sind die besten Freunde eines Mädchens. Und der Rhythmus und das Tempo Ihrer klappernden Stöckelschuhe – klick-klack, klick-klack – sind der ultimative erotische Lockgesang. Kein Wunder, daß die Männer diesem Lockruf nicht widerstehen können.

Ich gehöre zu den Frauen, die geboren wurden, um Stöckelschuhe zu tragen. Als ich gehen lernte, machte ich das auf Zehenspitzen, und das hab' ich bis jetzt beibehalten! Meine Füße sind genau wie die von Barbie, immer bereit für den hohen Absatz. Ehrlich. Ich kann einfach keine flachen Schuhe tragen. Für eine Filmszene mußte ich einmal in Sportschuhen durch den Central Park joggen. Ich mache eben alles für die Kunst! Zwischen den Takes bin ich immer in meine orthopädischen Stilettos geschlüpft, damit meine Füße wieder ihre natürliche Stellung hatten. Trotzdem haben diese Turnschuhe meine Füße ruiniert, und ich hab' mir zum Schluß sogar den Knöchel verstaucht.

Für mich sind hohe Hacken Push-up-BHs für die Füße. Jedes Mitglied der Brill-Brigade weiß, daß es in Stöckel gehört. Wie steht's mit Ihnen? Feuern Sie die Flachen fort, weg mit den Wanderschuhen, raus aus den miesen Mokassins, gönnen Sie Ihren Füßen die Schuhe, die sie verdient haben, Süße!

HIGH-HEEL-BREVIER

Stöckelschuhe schaffen eine unglaubliche Illusion. Sie machen dünnen Beinen Kurven und volle Beine rassig-elegant. Aber sie machen noch viel mehr. Steigen Sie in High Heels, und Ihre gesamte Erscheinung verändert sich dramatisch. Ihr Oberkörper wird majestätisch gerade, gibt Ihnen den richtigen Vorschub für den Busen. Sie sind sofort größer – mindestens neun Zentimeter –, und das verbessert automatisch Ihre Haltung, vom Scheitel bis zur Sohle. Größe und Haltung unterstreichen Ihre üppigen Kurven, so daß Sie wie eine

Walküre auf Ihren Säulen der Macht stehen. Die höchsten Absätze oder die Stilettos für zu Hause geben Ihnen dagegen etwas schüchtern Verletzliches, was die ritterlichen Seiten der Männer anspricht.

Die richtigen Schuhe

Phantastische Beine haben wir alle. Das Entscheidende ist, eventuelle Mängel mit den richtigen Stöckelschuhen auszugleichen:

Dickere Beine: Tief ausgeschnitten, mit verlängerter, abgerundeter Spitze; gleicht die Breite aus und läßt das Bein länger erscheinen (Tip: das Vorderteil des Schuhs darf nicht zu mickrig sein, sonst sehen Ihre Füße im Vergleich zum Rest zu klein aus).

Dünnere Beine: Pantoletten und offene, leichte und luftige Schuhe zeigen mehr Fuß; dadurch sehen die Beine besser proportioniert aus. Sehen Sie sich Fotos von Marilyn Monroe an: Pantoletten, immer Pantoletten.

Die Traumfrau steht richtig.

O-Beine: Klassische Pumps mit Verzierung (Schleife, Clip) auf der Außenkante des Schuhs lenken von der Innenseite des Beins ab; nie Stiefel in Wadenlänge, immer übers Knie.

X-Beine: Tief ausgeschnitten, kräftige Farben, hübsche Verzierungen, um die Aufmerksamkeit auf die Füße zu lenken.

Kurze Beine: Moderate Plateauschuhe mit schmalen (nie mit klobigen) Absätzen verlängern optisch.

Dicke Knöchel: Tief ausgeschnitten, dunkle Farben, matte Stoffe, das macht schlanker.

Schmale Knöchel: Hochgeschnittener Fuß, knochenhohe Stiefel, Knöchelriemen geben Substanz (Tip: die Riemen nicht zu fest schnallen).

Dickere Füße: Hochgeschnitten, mäßig abgerundeter Fuß oder fast eckiger Fuß, keine Verzierungen, hoher Rist.

Dünnere Füße: Hochgeschnittener, mäßig spitz verlaufender Fuß, schwere Materialien (Schlangenleder, Brokat, Wildleder).

Mickrige Waden: Die höchsten Absätze, die es gibt, wirken Wunder, was die Form der Waden betrifft.

DIE PSYCHOLOGIE HOHER HACKEN

Stöckelschuhe können sich auf Ihre Stimmung auswirken und Ihr Selbstbewußtsein anheben. Manchmal, wenn ich schlecht drauf bin, hole ich meine Lieblingspumps aus dem Schrank, und sofort geht es mir besser. Schuhe kaufen ist eines der besten Antidepressiva für Traumfrauen.

Wieso reagieren Frauen so intensiv auf hohe Absätze? Ich weiß es nicht. Bin ich etwa Freud? Vielleicht bedeuten Schuhe – Schuhe in rauhen Mengen –, daß Sie es geschafft haben, etabliert sind. Als ich nach New York City kam, lebte ich romantisch, aber bescheiden: Ich besaß nur zwei Paar hochhackige Pumps. Beide waren aus schwarzem Wildleder, mit fünfzehn Zentimeter hohen Absätzen; ein Paar waren Babydolls mit abgerundeter Spitze, das andere Paar waren superspitze Post-Punk-Stilettos. Ich liebte beide abgöttisch! Natürlich schabte sich das Wildleder ab, und ich mußte die Schuhe mit schwarzem Dullingspray aufmöbeln, wenn ich sie anzog. Der Farbgeruch durchdrang meine Wohnung und kämpfte gegen mein Parfum an.

Eines Nachmittags, als ich mich umdrehte, um einen Knaben in Motorradstiefeln zu begutachten, brach ein Absatz meiner kostbaren Babydolls ab. Ich war entsetzt! Ich rannte zum Schuhmacher, der mir eröffnete, daß der Schuh nicht zu retten sei. Trotzdem brachte ich es nicht übers Herz, die Schuhe wegzuwerfen. Ich packte sie in ihre Schachtel mit parfümiertem Seidenpapier und hoffte, mein Absatz würde sich irgendwie von selbst heilen.

Abends war ich zum erstenmal in meinem Leben in einen Dachterrassen-Nachtclub eingeladen. Ich entschied mich, etwas gotisch Prächtiges zu tragen: Samt, Leder, Spitze und Chiffon, das perfekte Outfit für meine Punkschuhe. Aber wie das Schicksal so spielt – auf der Treppe verfing sich die Spitze meines linken Schuhs an einer Stufe, und der Absatz war futsch. Tränen stiegen mir in die Augen, ich dachte: „Vorsicht, das Make-up!" Aber ich bin nicht auf den Kopf gefallen. Ich ging zurück, zog den übriggebliebenen Babydoll-Pumps an und ging mit zwei verschiedenen Schuhen aus.

Den ganzen Abend lang versuchte ich, nur einen Schuh sehen zu lassen, und ich wäre auch fast damit durchgekommen, bis Julio – bis zu diesem Augenblick mein treuer Freund und gelegentlicher Modeberater – bemerkte, was ich anhatte. „Diaaaaaaane!" rief er mit dröhnender Stimme, „du hast zwei verschiedene Schuhe an!" Da stand ich nun, frisch in der Stadt eingetroffen, ganz wild darauf, den obercoolen Auftritt hinzulegen, und dann so etwas! Die Zeit blieb stehen, und dann, nach kurzer, tödlicher Stille, drehte ich eine Pirouette auf meinem Babydoll, warf einen Blick auf Julios Schuhe, rümpfte die Nase und lachte eisig. „Ich hab' sie in London gekauft", hauchte ich. Keine tolle Antwort, aber durch mein selbstsicheres Auftreten, und da alles aus London sowieso absolut cool war, gelang es mir, ihn mit meinem: „Findest du sie nicht toll?" sprachlos dastehen zu lassen.

Diese Nacht war ein Wendepunkt in meinem Leben. Ich schwor mir, nie wieder schuhlos zu sein! Meine Zukunft sollte zumindest gutbeschuht, wenn auch nicht gutbetucht sein. Meine Schuhsammlung wuchs im Lauf der Jahre, und dabei erfuhr ich, daß in früheren Zeiten hohe Absätze exklusiv dem Königshaus und den Reichen vorbehalten waren. Dem gemeinen Volk war es strikt verboten, hohe Absätze zu tragen. In unserer aufgeklärten Gesellschaft sind hohe Absätze für jedermann zu haben. Trotzdem haben sie noch die Aura

des Privilegierten. Hohe Absätze signalisieren Macht. Ziehen Sie Ihre Pumps an, und Sie beherrschen alles, sind die Größte der Welt. Die schwindelerregend hohen Absätze dagegen können genau das Gegenteil bewirken – man fühlt sich zerbrechlich, zierlich und zart.

Wie viele Pumps

High Heels sind wie TTs – man kann nie genug davon haben. Sie sollten so viele Pumps besitzen, wie in Ihren Schrank passen – auf dem Boden, in Schachteln gestapelt, in Regalen. Wenn Sie ein Sommerhaus oder eine Zweitwohnung haben, Sie Glückliche!, haben Sie natürlich noch mehr Schuhkaufkapazität.

Der Schuhkauf gehört zu den essentiellen Göttinnenerfahrungen. Er ist nicht zuletzt die simpelste Methode, um Männer vor sich knien und Ihre Zauberfüßchen bewundern zu lassen. Stellen Sie sich einfach vor, das Leben wäre eine einzige, herrliche High-Heel-Jagd! Planen Sie Ihr Budget um den Schuhkauf herum. Gieren Sie nach einem köstlichen Paar silberner Stilettos, rassigen roten Satinstiefelchen mit durchsichtigen Absätzen, glänzenden grünen Pumps mit Steinen. Leben Sie für Schuhausverkäufe, und schlagen Sie dann richtig zu!

Es gibt natürlich unendlich viele Arten von Pumps, aber für unsere Zwecke, um die Sache zu vereinfachen, gibt es nur zwei: schwarze und riskante. Schwarze Schuhe sind der Hauptbestandteil Ihres

Stöckelstalls. Werfen Sie einen Blick in den Schrank einer High-Heel-Sammlerin, und Sie werden feststellen, daß von dreihundert Paar Schuhen zweihundertfünfzig schwarz sind.

Schwarzer Lack, schwarzes Leder, schwarzes Wildleder, schwarzer Satin, Slingpumps und Pantoletten, Stilettos und Plateauschuhe, alle in Schwarz. Wenn Sie klassische schwarze Pumps finden, von denen Sie hingerissen sind, kaufen Sie immer zwei Paar. Sie werden es merken, wenn Sie die wahre Schuhliebe gefunden haben: Der Schuh fühlt sich an, als gehörte er zum Bein. Und das ist wichtig. Schuhe müssen passen. Sie können sich in keinen engen Schuh hineinhungern, und bei einem zu lockeren Paar die Spitzen ausstopfen kann man auch nicht. Die einzige Ausnahme: Wildlederschuhe – kaufen Sie sie eine halbe Größe kleiner, sonst dehnen sie sich zu Schlappschuhen.

Alle anderen Pumps sind riskante High Heels ..., aber wer hat behauptet, Sie würden nicht gefährlich leben, Puppe? Verwöhnen Sie sich mit diesen High Heels mit derselben Hingabe wie bei schwarzen Grundmodellen. Risiko-High-Heels sind unersetzlich und einmalig. Sie wissen schon: die zwölf Zentimeter hohen fuchsienroten

Wildlederstilettos, die Sie für das richtige Outfit aufheben. Oder die Party-Pumps, die viel zu hübsch sind, um sie auf einer Party zu tragen, wo Ihr Tanzpartner vielleicht stolpert und die eisblauen Seidensatinschönheiten mit den Chiffonschleifen verletzt. Und was ist mit Ihren gefährlichen, hüfthohen, hautengen Sexstiefeln? Sie sollten nie ein Paar Risiko-High-Heels wegwerfen, nur weil Sie sie nie getragen haben. Was nicht mehr in Mode ist, wegpacken, bis Sie es später als erste wieder in Mode bringen.

Ihre High Heels brauchen die beste Pflege. Ihre Pumps verwöhnen Sie, also sollten Sie sie auch Verwöhnen. Es gibt nichts Schäbigeres, nichts Traurigeres als abgetragene Pumps. Sie sollten mit dem Schuhmacher nebenan auf bestem Fuß sein. Sorgen Sie dafür, daß der Glanz eine militärische Inspektion bestehen könnte und daß matte Oberflächen gut poliert und frei von abgeschabten Stellen sind.

Die Kunst, auf hohen Hacken zu gehen

Traurig, aber wahr: Eine Herde durchgehender Elefanten fügt einem Marmorboden weniger Schaden zu als eine Frau in Stilettos. Na, und? Wenn *Sie* ein Marmorboden wären, von was würden Sie sich lieber niedertrampeln lassen, hmm?

High Heels zu *besitzen* genügt nicht. Sie müssen auch mit ihnen gehen können. High Heels geben Ihrem Gang ein lüsternes Gewackel. Ihre Hüften schwingen hypnotisierend, wenn Sie dahertigern; Ihr Po wird automatisch rhythmisch mobil. Kleine Schritte bestimmen das erotische Tempo Ihrer gut choreographierten Bewegungen, verraten die Göttin durch ihren Gang. Schlendern mit hohen Hacken ist das Markenzeichen der sexuell Selbstsicheren. High Heels sind eine wunderbare Männerfalle, aber der Gang muß stimmen. Und das braucht Übung.

Sobald Sie einen Schuh gekauft haben – besonders einen mit hohen oder ganzen Absätzen –, nehmen Sie die Spitze und die Ferse und biegen Sie sie ein paarmal, damit sie in der Mitte locker werden. Rammen oder quetschen Sie nie Ihren Fuß in Schuhe, und versuchen Sie nicht, sie im Stehen anzuziehen; der Hauptgrund, daß manche Frauen behaupten, sie könnten auf Stöckelschuhen nicht gehen, ist, daß sie sie nicht richtig tragen. In Ihre High Heels zu gleiten sollte ein langsames und sinnliches Erlebnis sein. Setzen Sie sich, legen Sie Ihren Fuß auf den Schoß, und streifen Sie den Schuh seitwärts über Ihren Fuß. Drehen Sie den Fuß, dehnen und schließen Sie den Zwischenraum zwischen Ihren Zehen, bis der Schuh sich bequem anfühlt. Mmmm, ist das nicht ein großartiges Gefühl? Wiederholen Sie es mit dem anderen Fuß.

Jetzt stehen Sie auf und finden Ihr Gleichgewicht. Gewöhnen Sie sich an die neue Gewichtsverteilung: Zwei Drittel Ihres Gewichts sollten auf dem Fußballen ruhen, ein Drittel auf dem Absatz. Fühlen Sie, wie sich alles, vom Busen bis zum Po, aufrichtet. Biegen Sie bewußt die Schultern zurück, damit sie nicht nach vorne kippen.

Jetzt sind Sie bereit loszugehen, Schätzchen, also setzten Sie diese hochhackigen Lokomotiven der Liebe in Bewegung. Stellen Sie sich vor, Sie gingen auf einem imaginären Drahtseil. Am anderen Ende des Seils ist Ihr Traumtyp und winkt Ihnen zu. Gehen Sie auf ihn zu! Wenn Sie sich richtig auf hohen Absätzen bewegen, werden Ihre Hüften ganz natürlich zu schwingen beginnen und Ihre Arme die Seiten entlanggleiten.

Sobald Sie den Grundgang beherrschen, werden Sie mehr wagen.

1 Lassen Sie Ihre Schritte länger werden, ein verhaltenes Schlendern.

2 Versuchen Sie, Ihre Füße bei jedem zweiten Schritt leicht nach vorne zu knicken, das ist mein Lieblingsschritt für Laufstege.

3 Vermeiden Sie übertriebenes Hüftschwingen, aber seien Sie nicht zu schüchtern.

4 Üben Sie auf Ihren High Heels mit Ihrem allerengsten Rock – der beste Vampgang.

5 Treten Sie beim Treppensteigen mit dem Fußballen auf, und lassen Sie die Absätze über die Stufen hängen.

Wenn Sie von der Kunst des High-Heel-Ganges erschöpft sind, sollten Sie sich setzen und entspannen, aber bitte mit Pose.

Bevor Sie Ihre neuen Schuhe in der Stadt ausführen, sollten Sie sie eine Weile zu Hause eintragen. Alle Schuhe brauchen eine gewisse Einlaufzeit. Ihr Gang wird besonders sexy sein mit einem Paar, das Ihren persönlichen Stempel trägt. Da Schuhe sich den Füßen genau anpassen, sollten Sie sie nie verleihen. Sie können zwar ruhig die Motorradstiefel Ihres Freundes anprobieren, aber lassen Sie ihn nie Ihre probieren.

HIGH-HEEL-ÜBUNGEN

Um Ihre Füße High-Heel-fähig zu machen, müssen Sie diese Übungen einen Monat lang täglich machen. Nehmen Sie das Telefonbuch, und stellen Sie sich in Strümpfen mit den Fersen auf die Kante. Gehen Sie in Storchenposition, indem Sie das linke Knie beugen (halten Sie sich an der Wand fest), verlagern Sie Ihr gesamtes Gewicht nach rechts. Stellen Sie sich, so hoch Sie können, auf den Ballen Ihres rechten Fußes, dann gehen Sie langsam herunter. Wiederholen Sie das fünfundzwanzigmal, dann wechseln Sie zum linken Fuß.

High Heels nur für den Hausgebrauch

Gewisse Schuhe sollten nie das Pflaster berühren. Die ganz typischen haben Marabubesatz und einen superhohen Absatz. Solche Schuhe sind strikt Einladungen *chez vous* vorbehalten. Unpraktisch, sagen Sie? Viel zu frivol, spotten Sie? High Heels für den Hausgebrauch können sehr praktisch sein – zum Beispiel wenn Sie etwas aus dem obersten Fach Ihres Schranks haben oder Glühbirnen wechseln wollen.

Aber die wirkliche Aufgabe der High Heels für den Hausgebrauch ist die Art, wie sie einen durchschnittlichen Abend in der alten Hütte in eine endlose, berauschende Wonne verwandeln! Der Mann in Ihrem Leben wird auf den Anblick dieser Schuhe reagieren (ganz besonders, wenn er die Aussicht von unten genießt) und verstehen, daß nur Sie, eine Frau von vollendeter Weiblichkeit und Grazie, sie überhaupt tragen können. Und vergessen Sie nicht: Das einmalige Geräusch, mit dem Ihre Stöckel über den Boden klappern (jede Frau hat ihr persönliches Stepsignal), wird süßer sein als jede romantische Musik. Er wird ganz wild darauf sein, diese Schuhe kennenzulernen, sich danach sehnen, sie zu liebkosen und von ihnen liebkost zu werden:

Flirten mit dem Fuß

Wenn Ihre Rosenfüßchen in einem Wahnsinnspaar High Heels stecken, werden sie zu Flirtwerkzeugen. Hier ein paar wunderbare Möglichkeiten, sie einzusetzen:

1 Lassen Sie sich unter dem Tisch gehen, heizen Sie ihm im Theater ein! Stupsen Sie mit Ihrer Zehe gegen seine, oder erforschen Sie den Aufschlag seiner Hose. Legen Sie Ihren Fuß gegen seinen, dann langsam den Druck nachlassen und wieder verstärken: Machen Sie das sehr spontan, damit er nicht weiß, ob der Kontakt Ergebnis von Zufall oder Absicht ist.

2 Wenn Sie am anderen Ende des Raums einen Mann sehen, dessen Aufmerksamkeit Sie auf sich lenken wollen, sollten Sie Ihre Beine immer wieder übereinanderschlagen. Machen Sie es langsam, sinnlich, damit er sich das seidige Gefühl Ihrer Strümpfe vorstellen kann, wenn ein Bein genüßlich über das andere gleitet.

3 Bringen Sie ihn auf dem Rücksitz eines Taxis zum Zittern! Wenn Sie beide in dieselbe Richtung schauen, legen Sie Ihr rechtes Bein über sein linkes, so daß es zwischen seinen Beinen liegt. Spannen Sie die Wade, und spitzen Sie die Zehen. Schnell und lässig, machen Sie's einfach.

4 Bücken Sie sich im Sitzen, als wollten Sie Ihren Schuh oder den Riemen zurechtrücken. Lassen Sie Ihre Hand ruhig ein paar Sekunden auf dem Fuß, richten Sie aber die Augen auf den TT, der Sie momentan interessiert. Bei dieser Position kriegt er garantiert Herzklopfen. Der Anblick Ihrer Busenschlucht, Ihrer Beine, Ihrer Hände und Ihrer High Heels wird ihn in den Himmel versetzen!

5 Sie beugen sich im Stehen von der Hüfte aus nach vorn, schieben Ihren Po hoch und beugen keß ein Knie, um mit Ihrem Riemchen, dem Absatz, Strumpfsaum usw. zu spielen. Beim Aufrichten werfen Sie den Kopf hochmütig zurück, drehen kurz die Hüften und schenken ihm das gewisse Lächeln.

6 Wenn Sie mit verschränkten Beinen dasitzen, lassen Sie einen Schuh etwas vom Fuß rutschen, damit die zarte Unterseite Ihres Fußes entblößt ist. Bewegen Sie Ihr Bein, damit der Schuh hin- und herschwingt. Üben Sie das zu Hause, bis Sie es gemeistert haben — Sie wollen doch nicht, daß der Schuh auf den Boden plumpst und so den Bann bricht!

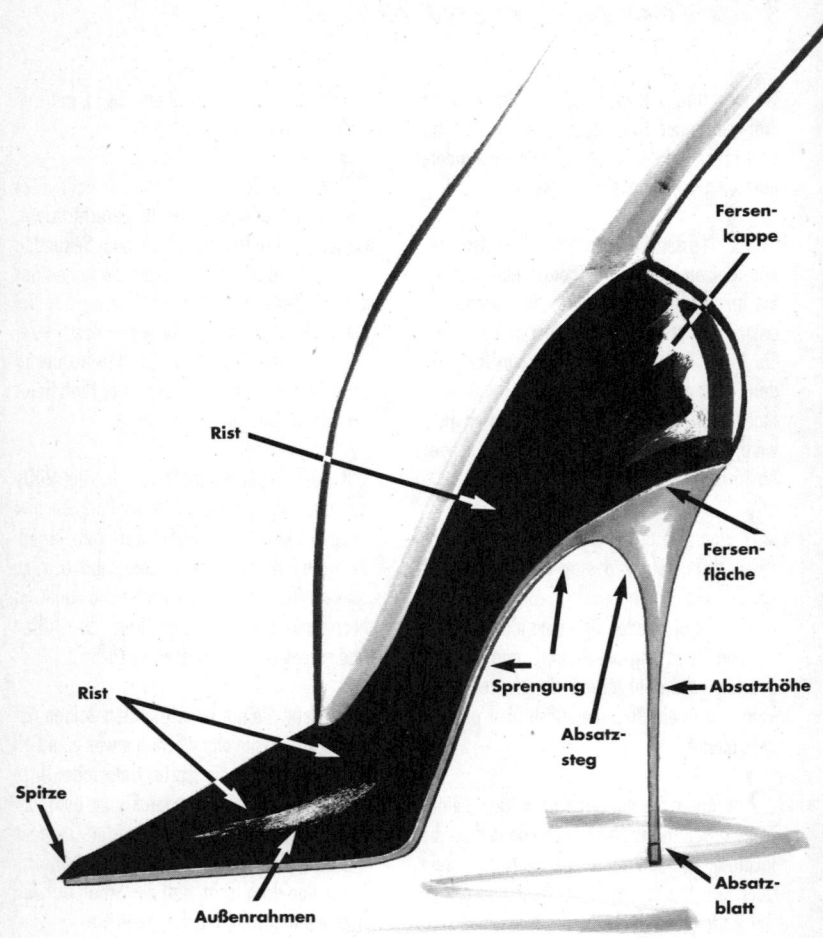

Anatomie eines Stöckelschuhs

Fersen-
kappe

Rist

Fersen-
fläche

Rist

Sprengung

Absatzhöhe

Absatz-
steg

Spitze

Außenrahmen

Absatz-
blatt

Er wird darum betteln, sie Ihnen ausziehen zu dürfen, und dann genauso inständig darum betteln, sie Ihnen wieder anzuziehen.

Tragen Sie Ihre High Heels nur für den Hausgebrauch nicht nur bis *zum* Bett, sondern auch *im* Bett. Das kann natürlich Ihre Satindecken und Laken ganz schön strapazieren. Aber Sie werden stolz auf diese Spuren der Liebe sein. Es folgen einige Hinweise für High-Heel-Sex-Mode:

1 Wenn Sie sich in Anwesenheit eines Typen an- oder ausziehen, müssen Sie Strümpfe und Schuhe immer als erstes anziehen und als letztes ausziehen.

2 Wenn Sie und Ihr ständiger TT sich gestritten haben, lassen Sie Ihre Heels an, wenn Sie ins Bett steigen, dann weiß er, daß Sie sich versöhnen wollen.

3 Hochhackige Pantoletten lassen Ihren Körper von allen Seiten wahnsinnig sexy aussehen. Stellen Sie ein Paar davon neben das Bett.

4 Schenkelhohe Stiefel? Niemals! Stiefel für das Boudoir müssen höher reichen, bis zur „Schußlinie". Schritthohe Stiefel machen Ihren Po zum Star.

5 Offene Schuhe sind durchsichtige Negligées für die Füße! Wenn Sie sie tragen wollen, dann bitte mit makellos pedikürten Füßen in klassischen Nagellackfarben wie Rot, Pink oder einfach durchsichtig. Keine Schmetterlingsclips oder Zehenschmuck, bitte!

6 Tief ausgeschnittene Schuhe machen das Zehendekolleté sexy, weil sie den Vorderfuß leicht zusammenquetschen.

Was sind billige Schuhe? Quickies für eine Nacht.

Ein gefragtes Mädchen in einer gefragten Rolle.

SIEBTES KAPITEL

Wie man jede Nacht Königin der Nacht wird

D as Nachtleben ist ein traumhaftes Maskenballuniversum, dessen einziger Zweck das Vergnügen ist. Es ist ein König-reich, in dem Sie die Freiheit haben, über sich selbst und mit sich selbst zu lachen ..., und das gilt natürlich auch für die anderen Anwesenden. Oh, wie wunderbar die Dunkelheit doch die Kanten der Realität, die für den Tag geschaffen ist, mildert und ebenso die Regeln, die Rechte und Rituale der Tagesstunden. Sobald der Mond aufgeht, sind werwölfische Verwandlungen angesagt. Der Installateur, diesmal ohne Gummistampfer und Overall, wird zum muskulösen Nachtclubkönig. Der mächtige Manager einer großen Firma wird ängstlich und läßt sich trotzdem hinreißen von den wilden Gezeiten der Nacht.

Aber Nachtleben ist mehr als nur Vergnügen. Wenn Sie mit ver-schiedenen Leuten auf verschiedene Parties gehen, manchmal am selben Abend, dann erleben Sie verschiedene Lebensarten und Mei-nungen; das macht Sie freier, regt Ihr Selbstbewußtsein an und Ihre sich ständig weiterentwickelnde Persönlichkeit. Dadurch wird das Nachtleben zu einem unentbehrlichen Forum, um neue Ideen für Geschäft, Freundschaft und Liebesgeschichten zu erfahren und auszuprobieren. Das Nachtleben ist ein großer Auftritt, eine Einführung in jede vorstellbare Arena. Das Nachtleben wird Ihnen bei Tag Türen öffnen. Wenn Sie Königin der Nacht werden, entdecken Sie, daß Sie mehr sind als der Mittelpunkt der Party – Sie feiern die Party, die Ihr Leben ist.

Okay. Wie war das mit dieser Dianne Brill – wie wurde ich New Yorks „Königin der Nacht"? Und was ist eine Königin der Nacht überhaupt? Also, so wie ich das sehe, ist eine Königin der Nacht die gastgebende Hohepriesterin. Eine Botschafterin des Nachtlebens. Eine Frau, die einer Party Glaubwürdigkeit verleiht, indem sie einfach kurz reinschaut. Eine Königin der Nacht hat eine Mission: in den meisten gebotenen Situationen am häufigsten den meisten Spaß zu haben. Sie soll jeden, der ihren Weg kreuzt, ermutigen und einladen, sie auf ihrer Suche nach Vergnügen zu begleiten. Ein gefragtes Mädchen auf einem gefragten Posten in einer gefragten Stadt in einer gefragten Welt. Ruhm schafft noch mehr Ruhm. Ruhm lockt die Berühmten an. Und innerhalb kurzer Zeit sind Sie die legendäre Königin der Nacht.

Durch irgendeinen schrägen und glücklichen Zufall ist es mir so ergangen. Als ich nach New York kam, aus Tampa, nach meinem Jahr in London, ritten alle schon sehr lange auf der coolen Masche. Ich war anders. Fröhlich. Prall. Überglücklich, an einem Ort zu sein, an dem „extrem" und „einmalig" als Kompliment betrachtet werden. Ich hatte keine Hemmungen zu zeigen, wie aufregend ich alles fand. Ich lächelte! Ich strahlte!

So kam es, daß ich auffiel. Dichter, Autoren, Discjockeys, Künstler, Rockstars, Schauspieler, Modedesigner und die enorm wichtigen Startürsteher kannten mich – Sie wissen schon, die Glitzerati der Szene. Schließlich fiel das Auge des Weißen Ritters der Nacht auf mich – des attraktiven Wirbelwinds und New Yorker Clubimpresarios Rudolf –, und er und ich wurden Botschafter und Botschafterin der Welt der Nachtclubs. Ich freundete mich mit Freunden und Freunden von Freunden an. Mein Status nahm Gestalt an.

Paparazzi begannen, Schnapschüsse von mir zu machen. Ich tauchte in den Glamourkolumnen auf. Ich begann, Dinnerparties in Nachtclubs zu geben, mit Gästelisten von Prominenten. All die Berühmten – und alle, die fürs Berühmtsein berühmt waren – wurden eingeladen. Andy Warhol zum Beispiel, der sagte: „Wow. Die tollste Party, die ich je erlebt habe, war Dianne Brills Coffee Achievers Birthday Party." Und es war wirklich eine phantastische Party: Essen bis zum Unfallen, Spitzengirls, die nur mit riesigen Kaffeetassen und Stilettos bekleidet waren, und die Shirelles, die „Happy Birthday, Dianne" sangen (obwohl Rudolf mir versprochen hatte, Dean Martin dafür zu holen!). Damals bezeichnete mich Anthony Haden-Guest im *New-York*-Magazin als „Königin der Nacht". Die Presse griff den Namen auf, und der Titel blieb mir.

DIE FAB 500

Jede Stadt hat einen harten Kern von absolut angesagten Leuten. Diese Leute sind die Trendsetter und Geschmackvorbilder. Es sind Insider, Originale, Emporkömmlinge – und all die, die Sie nur zu gerne ausgezogen sehen würden! In Tampa hatten wir die Fab 15. In New York City sind es die Fab 500. Mathematisch sieht das so aus: In einer Stadt mit neuneinhalb Millionen gibt es dreitausend In-Leute, die am Rand aufsteigenden Insider (die ständig variierenden Neuankömmlinge), die Insider des äußeren Kreises (sie haben es fast geschafft), die Insider des inneren Kreises (schon etablierter) und schließlich die Crème de la crème, die Fab 500.

Als Mitglied der Brill-Brigade sind Sie natürlich Ehrenmitglied der New Yorker Fab 500 – egal wo Sie leben – und der Mittelpunkt des harten Kerns der Insider Ihrer Stadt. Sie gehören zu den unglaublichen, vifen und atemberaubenden Berühmtheiten! Darin wurzelt der Traum jedes Großstadt-Selbstverwirklichers mit etwas Selbstachtung.

Sobald Sie Teil dieses Allerheiligsten sind, sind Sie nur noch einen

Hüftschwung davon entfernt, Königin der Nacht zu sein – *die eine, die Insiderin unter den Insidern!* Aber Königin der Nacht sein, ist eine *ernsthafte Aufgabe.* Ein Job, der Spaß macht ... und den jemand machen *muß*! Meine Hübsche, warum nicht Sie?

REGELN FÜR DIE REGENTIN

Als Königin der Nacht sind Sie eine Art Cheerleader. Sie müssen in der Öffentlichkeit immer Ihre Ich-bin-glücklich-laßt-uns-Spaß-haben-Laune zur Schau tragen. Sie sollten nicht ausgehen, wenn Sie nicht alle Voraussetzungen zum Partymittelpunkt erfüllen können. Wenn Sie ausgehen, sind Sie moralisch verpflichtet, Ihr Bestes zu geben. Sollten Sie also das Gefühl haben, daß Sie erschöpft oder gar stinkiger Laune sind, dann bleiben Sie gefälligst zu Hause. Von einer Königin der Nacht erwarten die Leute nämlich, daß sie von ihr in Fahrt gebracht werden.

1 Sie müssen bereit sein, alle wichtigen Highlife- und Lowlife-Parties in einer Nacht zu besuchen.

2 Hier eine u.A.w.g.-Strategie, falls Sie einmal absagen, aber wieder eingeladen werden wollen, oder zusagen und sich ein Schlupfloch lassen wollen, damit man sich drücken kann (falls etwas oder jemand auftauchen sollte, das oder der noch mehr Spaß bringt): Sagen Sie: „Ich würde zu gerne kommen, aber ich kann erst sehr spät" oder, wenn es eine große Dinnerparty ist: „Ich würde gern zum Nachtisch kommen." Wenn Sie dann nicht erscheinen, verärgern Sie niemanden.

3 Sie müssen jedem bei ihrem oder seinem Anblick mit der Königin das Gefühl geben, daß er oder sie für Sie die wichtigste Person im Raum ist. Sie müssen selbst daran glauben – Augen verraten alles! Glauben Sie mir, das ist das schwerste. Ehrlichkeit und Enthusiasmus müssen Ihre Herrschaft kennzeichnen.

4 Sie dürfen niemals zu Betrunkenen oder Ekelpaketen unhöflich oder grausam sein. Die besten Ergebnisse erzielen Sie mit altmodischen Manieren. Das absurdeste Knigge-Geschwätz funk-

tioniert am besten. Zum Beispiel: „Aber, aber, Sie sind doch ein *echter* Gentleman und nicht so *taktlos*. Bitte, entschuldigen Sie mich jetzt. Wir unterhalten uns ein andermal, wenn Sie wieder Sie selbst sind."

5 Bitte kein Name-Dropping. Diese langweilige Leier ist einer Königin der Nacht unwürdig.

6 Wenn Sie eine Party geben, laden Sie *immer* zu viele Leute ein. Zu viel ist besser als zu wenig!

7 Wenn Sie die Gastgeberin sind und einen neuen Gast begrüßen, den Sie mögen, fragen Sie ihn oder sie sofort: „Okay. Raus damit. Möchtest du jemanden hier kennenlernen? Kein Problem. Sag's mir einfach." Dann halten Sie Ihr Wort und stellen ihm oder ihr die jeweiligen berühmten Prominenten vor, nach denen sein oder ihr Herz sich verzehrt.

8 Das gefürchtete „Erinnern Sie sich noch an mich" wird so sicher wie das Amen im Gebet Ihrer harren. Oft. Sehr oft. Besonders in einer Großstadt. Es gibt verschiedene Möglichkeiten des Ablaufs. Da wäre das „Ich bin der Freund von Sowieso", an den Sie sich wahrscheinlich genausowenig erinnern können. In diesem Fall fragen Sie: „Oh, wie geht's denn Sowieso?" Wahrscheinlich wird sein Freund dann unabsichtlich ein paar Informationen preisgeben; wenn nicht, dann lächeln Sie ungezwungen und sagen: „Sie sind reizend!" Aber es gibt auch die direkte „Erinnern Sie sich an mich?"-Konfrontation. Erwidern Sie sofort: „Ja …" Dann, mit fragendem Blick: „Wann haben wir uns eigentlich das letztemal gesehen?" Eine andere Taktik besteht darin, jede Frage mit einer Frage zu beantworten, niemals mit einem glatten Ja oder Nein. Sagen Sie: „Und was haben Sie in letzter Zeit so getrieben?" Bei ernsthaften Zweifeln versuchen Sie's mit Raten: „Ihre Haare sehen anders aus." Wenn es jemand ist, den Sie nicht wiedererkennen, der Ihnen aber irgendwie bekannt vorkommt und sympathisch aussieht, erfinden Sie einen Spitznamen für ihn; das ist immer interessanter und wahrscheinlich auch netter als sein richtiger Name.

9 Komplimente, die keine sind, sollten Sie mit Ihrem üblichen Charme über sich ergehen lassen. Gehen Sie einfach davon aus, daß er Ihnen in Wirklichkeit schmeicheln will, egal wie negativ sein Sprüchlein klingt. Wenn jemand sagt: „O Gott! Wieviel haben *Sie* denn abgenommen? Fünfzig Kilo?", sollten Sie auf keinen Fall mit Maßen und Gewichten daherkommen, sondern sich nur umdrehen und sagen: „Danke! Sie sehen auch phantastisch aus!" Dann gehen Sie einfach weiter, dem nächsten Ziel entgegen.

10 Wenn Sie irgendeine Bitte ablehnen – Drogen, Alkohol, einen beiläufigen Heiratsantrag, sonstiges –, immer lächeln. Legen Sie die Hand auf den Arm der Person, und sagen Sie: „Nein, natürlich nicht!", so humorvoll Sie können – und gehen Sie weiter.

11 Wenn ein TT, den Sie kennen, in Begleitung kommt, sagen Sie sofort Hallo zu ihr, nachdem Sie den TT begrüßt haben ... oder gleichzeitig, wenn Sie das schaffen. Sie darf sich durch Ihre königliche Autorität nicht ausgeschlossen oder abgewehrt vorkommen. Wenn ein TT in Damenbegleitung erscheint, ist er an diesem Abend für jede andere Frau *off limits*. Freundschaft und Verständnis haben zwischen Ihnen und Ihren Kolleginnen zu herrschen! Die Königin der Nacht wird von beiden Geschlechtern geliebt und respektiert.

12 Ob es Ihnen gefällt oder nicht, Sie sind immer Gastgeber, ganz egal wer die Party veranstaltet. Eine Königin der Nacht ist eine Kreuzung zwischen Diva und Mutterglucke. Die Leute zählen auf Ihre Schlagkraft; sie werden Sie um Hilfe bitten, selbst wenn Sie grade im schönsten Flirten sind: „Dianne! Bitte! Hilf mir! Ich hab' meine Garderobenmarke verloren, und jetzt wollen sie mir meinen Mantel nicht geben! Würdest du bitte mit denen reden!" Oder: „Mein Begleiter steht vor der Tür, und sie wollen ihn nicht reinlassen! Könntest du bitte dem Türsteher sagen, daß er okay ist?" Oder: „Kann ich ein paar Tickets für Freidrinks haben?"

PARTYSPEAK

Partyspeak oder Partygeplauder gibt Ihnen die Möglichkeit, sich mit jedermann zu jeder Zeit über jedes Thema zu unterhalten.

Partygeplauder ist zwanglose Konversation, und die naheliegendsten Verhaltensmöglichkeiten sind die, echt, tiefgründig oder oberflächlich zu sein. Echt tiefgründig oberflächlich zu sein ist aber die nützlichste Form. Das ist die richtige zwanglose Konversation für Traumfrauen mit Köpfchen. Es schließt vorgekaute, dumpfe, aufgesetzte Gespräche aus und gestattet einem die Freiheit, absurd zu sein ... das Nonplusultra, denn das Ziel des großen Partyspiels ist immer, sich zu amüsieren.

Aber ist es denn wirklich möglich, gleichzeitig echt, tiefgründig und oberflächlich zu sein? Ja. Sie sind echt, weil Sie Ihre wahre vergnügte Natur zeigen ... an Ihnen ist nichts Falsches, Traumfrau. Der tiefgründige Teil kommt von Ihrem völligen Glauben daran und daher, daß Sie zu dem stehen, was Sie sagen – und da liegt der Haken bei der Sache. Der Oberflächlichkeitsfaktor ist der Zuckerguß – die Frisur und das Make-up Ihres Geplappers, die es besonders reizvoll machen. Diese drei Komponenten sind vielschichtig und ineinander verwoben.

Wenn Sie als Gesprächseinleitung echt tiefgründig oberflächlich sein wollen, genügt es normalerweise, eine harmlose Bemerkung oder Frage in den Raum zu stellen oder ein Kompliment zu machen. Auf jeden Fall soll es etwas Positives sein: Die Reaktion, die Sie anstreben, ist ein Lachen, zumindest ein Lächeln. Aber das genügt noch nicht, um jemanden zu fesseln. Sie wollen etwas Entzückendes und Komisches, aber auch Verwirrendes sagen, damit auf das Lächeln oder Lachen ein neugieriger zweiter Blick folgt. (Hmm? Ha!) Denken Sie daran, daß die Leute ausgehen, um sich zu amüsieren: Ihr Anliegen ist es, etwas Gutes noch besser zu machen – selbst wenn es nur für den Augenblick ist.

PARTYVISION

Warum? Ich weiß es nicht, aber es ist allgemein bekannt, daß alle

Königinnen der Nacht notorisch schlechte Augen haben. Daraus ergibt sich eine echte Herausforderung, denn auf der Nachtpiste sind Sie ständig von Leuten umgeben, die Sie kennen, zu kennen glauben, kennen sollten, kennen wollen, und außerdem von Leuten, die glauben, Sie zu kennen oder kennenlernen zu wollen. Und dann kommen meist noch die Faktoren Rauch und Dampf ins Spiel, die die meisten Nachtclubs vernebeln – der Alptraum aller Kontaktlinsenträger. Durch den Mangel an Sehkraft entwickeln sich bei Ihnen eine Reihe neuer Sinne und Techniken auf ganz natürliche Weise:

1 Sie müssen jedem, der Hallo sagt oder Sie erwartungsvoll ansieht (Kopf reglos, Brauen gehoben, Gesicht in Ihre Richtung) oder dessen Silhouette oder vage erkennbare Art, sich anzuziehen, Ihnen bekannt vorkommt, zuwinken und sagen: „He!", „Hi!" oder „Wow!" Das Schlimmste, was Ihnen passieren kann, ist, daß Sie überfreundlich wirken. Wenn der – oder diejenige Sie nicht kennt, soll *er* oder *sie* sich doch den Kopf darüber zerbrechen, warum Sie sich noch nie begegnet sind.

2 Geradezu hellseherische Partyaugen entwickelt man durch ständige Konfrontation mit Menschen. Sie können einen Raum innerhalb von Sekunden erfassen und feststellen, wo die besten TTs, die Prominenten und Ihre Lieblingstrendies sind. Sie sind dann das Ziel für gezielte Stops auf Ihrer großen Runde.

3 Zu viele Gesichter und Körper auf Tuchfühlung können gelegentlich überwältigend sein. Kneifen Sie einfach die Augen zusammen, und lassen Sie alles im Raum verschwimmen bis auf Ihren unmittelbaren Radius. Keine Sorge, TTs und tolle Frauen werden weiterhin zu Ihnen kommen, solange Sie zur Musik lächeln.

4 Gerüche lügen nie. Sie werden lernen, Menschen durch ihren persönlichen Geruch zu identifizieren, wenn nicht durch ihre Gesichter; das wird um so merklicher, je mehr die Party in Schwung kommt, und es gilt nicht nur für Parfums und Colognes: Ich kenne einen Lederdesigner, dessen Nähe ich im-

mer sofort an seinem unverkennbaren Geruch nach gegerbten Häuten und einem winzigen Hauch von Mottenkugeln erkenne.

PARTY TIMING: WENN ZU SPÄT KOMMEN ZU FRÜH IST

Kommen Sie immer zu spät. Die Königin der Nacht kommt immer zu spät. Sie müssen aber genau wissen, wieviel zu spät Sie wohin kommen müssen. Es gibt Anlässe, bei denen zu spät kommen zu früh ist. Angenommen, da gibt es eine Party, die von neun bis Mitternacht angesetzt ist. Wenn Sie um halb zehn kommen, eine halbe Stunde zu spät, sind Sie zu früh dran. Sie werden eine der ersten sein, und Sie können keinen großen Auftritt haben, weil keiner da sein wird, um ihn zu erleben. Aus demselben Grund wollen Sie auch nicht *zu* spät kommen, wenn die Party sich dem Ende zuneigt. Versuchen Sie, zum Höhepunkt der Party zu erscheinen, was in diesem Fall gegen halb elf sein dürfte.

Je später Sie kommen, desto besser müssen Sie aussehen. Wenn Sie viel, viel zu spät kommen wollen (unvermeidlich, nicht absichtlich), ist Ihre erstaunliche, makellos weibliche und perfekte Erscheinung die beste Entschuldigung. Die Leute werden einen Blick auf Sie werfen und feststellen, daß das Warten sich gelohnt hat.

Gelegentlich werden Leute versuchen, Sie mit einem Trick zur Pünktlichkeit zu zwingen, indem sie Ihnen sagen, die Party würde zu einer lächerlichen Zeit, zum Beispiel um halb acht, beginnen. Rufen Sie eine Jungfrau oder einen Schweizer, Deutschen oder Skandinavier an (diese Spezies ist aus irgendeinem unerfindlichen Grund für ihr Leben gern pünktlich), von dem Sie wissen, daß er oder sie zur selben Party eingeladen ist, und fragen Sie, wann er oder sie dort sein wird. Danach können Sie Ihren Auftritt timen.

Wenn eine Party gut läuft, sollten Sie sich nicht verschleißen oder andere sich verschleißen lassen. Zaubern Sie ein bißchen – mischen Sie sich unauffällig in den Ring um die Tanzfläche, und beobachten Sie alles anonym; machen Sie eine längere Pause in der Damentoilette, gehen Sie auf die Terrasse, den Balkon oder die Feuerleiter. Bleiben Sie solange weg, bis die Leute sich fragen, was aus Ihnen geworden ist. Dann machen Sie einen zweiten dynamischen Auftritt – es wird ein Gefühl sein, als würden Sie auf eine ganz neue Party kommen.

Okay, angenommen, die Party ist *vorbei*, zumindest was Sie betrifft. Wie lange ist höflich? Ganz egal wie kurz oder lange Sie da waren, solange Sie Ihren Abgang nett und diskret gestalten. Verschwinden Sie unauffällig (Faustregel: große Auftritte, kleine Abgänge). Verabschieden Sie sich *nicht*. Vom Gastgeber dabei erwischt zu werden, wie Sie sich davonschleichen, ist ein Alptraum. Nehmen Sie Rücksicht auf die Gefühle Ihres Gastgebers, und erzählen Sie ihm die klassische Ausrede, die keiner in Frage stellen kann: „Vielen Dank für die Einladung! Eine phantastische Party. Alle sehen so toll aus! Wenn ich bloß morgen nicht so früh aufstehen müßte!"

REINKOMMEN: DAS ALLERWICHTIGSTE, DER ERSTE EINSTIEG

Ich verrate Ihnen jetzt ein paar Geheimnisse, wie man eine Club-Doyenne wird (Sie wissen schon, wie Doyenne Brill):

1 Besorgen Sie sich eine Einladung zu einer guten Party in einem guten Lokal (fragen Sie alle Freunde, Freunde von Freunden, den Friseur, schicke Boutiquenverkäuferinnen, jeden, dem Sie zutrauen, er könnte Ihnen diesen allerwichtigsten „ersten Einstieg" verschaffen).

2 Overdress ist natürlich Regel Nummer Eins, aber es muß der Lokalität angemessen sein. Sie würden fünfeinhalb Stunden verschwenden, wenn Ihr Outfit dem Anlaß nicht entspricht. Sex-Glamour lautet die Devise (kann nie schaden).

3 Nähern Sie sich dem Türsteher seitlich – versuchen Sie nie, sich durch die Menge zu drängen. Schmollen oder arrogant und gelangweilt dreinschauen sollten Sie nicht, und Sie sollten auch nicht versuchen, sich wichtiger als der Türsteher zu geben. Immer die Würde bewahren, bitte, und vergessen Sie nicht, daß der Türsteher Ihren Respekt braucht und verdient. Lächeln Sie, winken Sie dem Türsteher kurz zu (als wären Sie bereits gut be-

Mein „Einstieg": New Yorker Startürsteher Houli Montauge.

freundet). Wenn er/sie Sie einläßt, bedanken Sie sich, und sehen Sie ihn/sie an. Sobald Sie drin sind, lassen Sie sich den Namen des Türstehers von der Garderobe geben, und benutzen Sie ihn.

4 Wenn Sie in einen Club mit knallharter Tür reinwollen, versuchen Sie's bei Regen. Dann ist die Menge vor der Tür nicht so groß, und Ihre Chance reinzukommen ist besser.

5 Manchmal sind kleine Tricks angemessen. Zum Beispiel wenn Ihr Name aus irgendeinem Grund nicht auf der Gästeliste steht

Ken Nahoum

und der Mann mit der Liste sehr unerfahren ist und sich auf-
führt wie ein Witzblattürsteher. Sie wissen schon, angeberisch,
hält sich für den Größten, der fiese Neffe des Clubbesitzers.
Folgenden kessen Trick können Sie mit Ihrer besten Freundin
versuchen. Gehen Sie zu ihm, und stellen Sie sich vor: „Ich bin
Jane Smith. Ich steh' auf der Liste." Während die Türsteher die
Liste überfliegt, schaut sich Ihre Kohorte, die auf der anderen
Seite neben ihm steht, heimlich die Liste an. Halten Sie den
Türsteher hin, sagen Sie: „Vielleicht steh' ich unter J." Wenn er
Ihnen mitteilt, daß Sie nicht auf der Liste stehen, flötet Ihre
Freundin: „Vielleicht bist du unter meinem Namen drauf,
Jane" und verkündet den Namen, den sie erspechtet hat.
Bumm! Sie sind drin.

6 Wenn Sie vom Glamour all dieser neuen *beautiful people*
eingeschüchtert sind, hören Sie auf die Brill: Sehen Sie sich
jeden an, und suchen Sie etwas, was Ihnen vertraut ist,
etwas, was Sie und diese Leute gemeinsam haben. Zum
Beispiel: Mensch, die atmen ja alle ein und aus, genau wie ich
auch! Konzentrieren Sie sich auf das Vertraute, nicht auf das
Fremde.

7 Stellen Sie sich selbst dem Gastgeber vor. (Denken Sie dran:
Schüchternheit ist die schlimmste Form von Arroganz.) Loben
Sie die Party, das Partymotto, die Schönheit der Anwesenden.
Das gibt Ihnen die Chance, von ihm oder ihr zur nächsten Party
eingeladen zu werden.

8 Behandeln Sie das gesamte Personal vom Promoter zum Bar-
man mit Schwung, Energie und Höflichkeit. Vergessen Sie die
Cooler-als-du-Nummer, die ist veraltet und ganz bestimmt
nicht gesellschaftstauglich.

9 Gehen Sie an schlechtbesuchten Abenden in die Clubs. Dadurch lernen Sie das Personal besser kennen, und Sie können
Ihren Status als Stammgast etablieren.

10 Wenn Sie jede Nacht erfolgreich Königin der Nacht sein wollen, dann bitte nur Perrier; ich werde Ihren Champagnerkon-

STEPHEN SABAN
& JOHN SEX

DEBBIE HARRY

PHOTO: PATRICK MCMULLEN

THIERRY MUGLER

RUDOLF & DRINK
TICKET

BIRTHDAY BOY SPROUSE

ADAM ANT

BRILL'ANT
PINUP
PARTY

TOUKIE SMITH, FELLOW
ROOTSTEIN MANNEQUIN

ANDY, APPLE & BRILL

ME SINGING "HAPPY
BIRTHDAY" IN NEW YORK CITY

ME, MY MAN &
SUZANNE

PHOTO:
PATRICK
MCMULLEN

JOEY ARIAS "DALI" & ME BACKSTAGE

JANIS SAVITT:
IT'S MARACA TIME!

LISA SLIWA

MATT DILLON WITH BRILL BURNS—
DON'T WORRY
WE'RE REALLY
ONLY JUST
FRIENDS, DAMMIT!

FILMING AN "ART
AGAINST AIDS" VIDEO

PETER
& ME IN
PARIS

A QUEEN OF
THE NIGHT:
SUZANNE
BARTSCH

MUSCLE MUSIC &
HUMAN CHANDELIERS

ALIX MALKA / PHOTO: ROXANNE LOWIT

PHOTO: PATRICK MCMULLEN

NICK RHODES

BRAD, BRILL &
MY MENTORIC
MUGLER

NICK CAGE IN WHAT USED TO BE DEAN
MARTIN'S CAR IN THE SIXTIES

BOY GEORGE,
ME & A
(!*?) GG

ACTRESS DEB MAZAR, DANILO & "CONNIE GIRL"

KOHLE YOHANNAN &
MARY MCFADDEN

JULIE RHODES & M.C. LOLA

DREAM GODDESS DOLLY PARTON

PHOTO: PATRICK MCMULLEN

CHRISTIE BRINKLEY

GENTLE LEGEND ARTIST KEITH HARING

ZANDRA RHODES & MICHAEL SOUTHGATE

FIELDS

RODNEY DANGERFIELD BACKSTAGE AFTER FILMING HBO SPECIAL

WRITER STEPHEN SABAN

MY DEVILISH BILLY BOY

MUGLER

PHOTO: ROXANNE LOWIT

AWNLIKE SABINA STREETER

RUDOLF & YELLO'S DIETER MEIER

A QUEEN OF THE NIGHT & BEST FRIEND ANITA SARKO & PHIL DONAHUE

SIMON LE BON SHARING MY ACCESSORIES

NICK RHODES & STEPHEN SPROUSE

MICHAEL MUSTO, JAMES ST. JAMES & FRIENDS PHOTO: PATRICK McMULLEN

IMAN & NAOMI

PHOTO: ROXANNE LOWIT

HALLOWEEN: THE PONY GIRL

sum gnadenlos überwachen. Eine Königin ist nie betrunken oder schlampig.

11 Das Allerwichtigste: AMÜSIEREN SIE SICH!

DIE VERSCHIEDENEN ARTEN VON SPASS

Spaß ist mein Lebenszweck. Mein Brennstoff. Aber es gibt viele verschiedene Arten von Spaß:

Langweiliger Spaß

Langweiliger Spaß ist erst hinterher Spaß. Zum Beispiel ein Dinner (Abendgarderobe) für irgendeine bewundernswerte, aber langweilige Wohltätigkeitsorganisation mit einer Las-Vegas-Legende als Vorsitzendem. Zu den Gästen gehören, sagen wir mal, Dean Martin (natürlich), Frank Sinatra, vielleicht Shirley MacLaine und jede Gesellschaftsmatrone der Stadt. Es ist ein Grand-Hotel-Bankett für sechshundert Personen, bei dem das gleiche Hühnergericht serviert wird, das es bei jedem Bankett gibt (ob die Portion fünfzig oder fünfhundert Dollar kostet). Eigentlich sollte es Spaß machen, wenn so viele alte Glamour-Haudegen aus Hollywood/Vegas/New York anwesend sind. Aber nichts dergleichen. Sie gehen auf die Bühne, machen ein paar Witze aus dem Handbuch für Bankettwitze – keine phantastischen Nummern, kein Tanzen oder Singen, kein *New York, New York*. Eine Party, auf der *rein gar nichts* passiert. Dann, am nächsten Tag, wenn Ihre Freunde fragen: Wer war da? Was hat sie angehabt? War er betrunken? Wie sieht sein Toupet aus der Nähe aus? Sieht man die Narben von ihrem Face-Lifting? Wie viele Diamanten? Wie war *New York, New York*? Wenn Sie anfangen, den gestrigen Abend durch die Brille dieser Art Fragen zu sehen, dann fängt es an, Spaß zu machen. Je mehr Sie sich gemerkt haben, desto mehr Spaß macht es. Wenn Sie sich nach einer Woche daran erinnern, glauben Sie fast, Sie wären auf der Party des Jahres gewesen.

Schneller Spaß

Knall auf Knall auf Knall. Party, Galerieeröffnung, Dinner, Modeschau, Bar, Bistro, Kegelbahn ... alles reinziehen, und das schnell, alles in einer Nacht. Ziel des Spiels ist, immer in Bewegung zu bleiben. Action. Aktiv sein. Schnelligkeit. Nicht nachlassen bis zur Sperrstunde der Sperrstunden.

Wenn Sie schnellen Spaß haben wollen, müssen Sie Verfechter meiner *Höhepunkt-der-Party-Theorie* werden: Küßchen und Hallo für all Ihre Lieblinge, dann bestellen Sie einen Drink, während Sie den Raum in Augenschein nehmen, um zu sehen, ob jemand da ist, der Ihnen noch nicht zu Füßen liegt oder dem Sie zu Füßen liegen wollen. Dann, in dem Moment, in dem Sie merken, daß Ihre Energie ein Grad unter Fieberhöhe fällt, verschwinden Sie. Ihr Timing ist perfekt. Sie sind weg, die Stimmung flaut ab, und jeder Anwesende denkt, Sie hätten die Party gemacht. Es war Spitze, als Sie da waren, und flaute ab, nachdem Sie weg waren, was Ihrem Ruf als Instant-Fast-Fun-Lieferanten Glaubwürdigkeit verleiht.

Versäumen Sie nicht, mindestens eine Person von jedem Anlaufpunkt mitzunehmen, damit Sie eine Mannschaft zusammenkriegen. Ebenfalls unerläßlich für schnellen Spaß: Sonnenbrillen. Wenn Ihre Flamme die ganze Nacht doppelt hell und doppelt schnell brannte, könnte das frühmorgendliche Licht Ihr Glamour-Image ruinieren.

Ernsthafter Spaß

Auch unter dem Namen Intellektuellenspaß bekannt. Das ist die anspruchsvollste Art, Spaß zu haben. Meist sind es etablierte Avantgarde-Vernissagen oder Buchparties – Veranstaltungen, wo sich hochgestochene und akademische Leute versammeln, Parties, wo jeder redet und keiner zuhört. Bei solchen Parties trifft man oft Leute, die in einem antigesellschaftlichen Schneckenhaus gefangen sind: Sie wollen alle so schrecklich erwachsen sein!

Die Wahrheit ist, sie lechzen danach, Spaß zu haben! Und alles, was sie brauchen, ist ein Funken – damit sie in Gang kommen. Sie treten auf. Aaah, eine frische Brise. Sie wirken allein schon durch den Umstand, daß Sie völlig overdressed sind, stimulierend. Fangen Sie einfach mit völlig trivialer Konversation an – zum Beispiel über Ihren neuesten Lieblingscomic. Lachen Sie ohne Scheu frei heraus. Sollte jemand das mit einem eisigen, gräßlichen Blick quittieren, erwidern Sie den mit Ihrem herzlichsten Lächeln, und er oder sie wird auf der Stelle dahinschmelzen. Stellen Sie ihm oder ihr eine gängige Partyfrage wie zum Beispiel: „Wer, meinen Sie, ist international bekannter: Solschenizyn oder Brigitte Bardot?" Mit anderen Worten: Behandeln Sie diese steife Angelegenheit wie jedes andere Spitzenspaßereignis. Die Leute werden Sie anbeten! Sie werden sich entspannen, ihre Schneckenhäuser werden Risse kriegen, und noch bevor Sie Ihren großen Abgang haben, werden sie sich drum prügeln, wer den Lampenschirm aufsetzen darf!

Ausländischer Spaß

Trotz aller Kommunikationskomplikationen kann das der absolut beste Spaß sein! Natürlich gibt es auch davon verschiedene Arten. Sie führen ausländische Freunde aus oder tigern auf eine Gruppe TTs zu und stellen fest, daß sie alle Griechen oder Antarktiker oder aus irgendeinem anderen exotischen Land sind. In solchen Situationen sollten Sie sich auf internationale Symbole und Gesten beschränken. Versuchen Sie es mit einer modernisierten Version von „Ich Jane, Du Tarzan". Wenn alle Techniken versagen, bleibt immer noch die in aller Welt verstandene Sprache des Kusses.

So meistern Sie die Situation, wenn die da sind, wo Sie sind. Aber was tun, wenn Sie da sind, wo die sind? Welche Wörter soll man auf Auslandsreisen zuerst lernen ... nach den Schimpfwörtern und dem wichtigsten aller Sätze: „Einen Espresso bitte?" Klar, Sie haben wahrscheinlich Ihren kleinen Sprachführer in der Handtasche und jede Menge Ehrgeiz. Trotzdem ist es gar nicht so einfach, eine Fremdsprache über Nacht zu lernen. Haben Sie zum Beispiel gewußt, daß das Kikeriki eines Hahns in jeder Sprache anders klingt? Englisch: Cockadoodledoo, koreanisch: Kokealokea, französisch: Cocorico!

Wie soll man bei so vielen kulturell bedingten Unterschieden jemals ausländischen Spaß haben? Ganz einfach: Das einzige Wort, das Sie in einer fremden Sprache wirklich lernen müssen, ist *ja*. Ja garantiert Abenteuer ... in jeder Sprache und in jedem Land.

DIE GESELLSCHAFTSKRAPFEN-THEORIE

Gesellschaftskrapfen sind kleine Cliquen oder Freundeskreise. Manche klein, manche groß. Sie sind das Herz jeglichen Nachtlebens. Und wie bei allen guten Krapfen ist in der Mitte die Marmelade. Ihr Ziel als Königin der Nacht ist es, einen köstlichen Gesellschaftskrapfen um sich selbst zu backen. Das funktioniert so:

1 Inszenieren Sie einen großen Auftritt. Ihr Auftritt in einem Nachtclub oder auf einer großen Party ist anders als alle anderen Auftritte durch den Men-
schenmengenfaktor. Sie müssen dafür sorgen, daß keiner Ihre Ankunft verpaßt. Wenn vor Ihnen Leute reingehen, dann warten Sie, Sie brauchen Platz – mindestens zwei Meter Freiraum vor sich. Tief Luft holen, königliche Gedanken einklinken, Pomuskeln zusammenkneifen, damit Sie aufrecht stehen. Bleiben Sie einen Augenblick auf der Schwelle stehen, und dann treten Sie l-l-la-a-a-n-g-s-a-m, aber schwungvoll ein.

Ich mitten in der Marmelade eines Gesellschaftskrapfens.

Lächeln. Keß-frivol, als hätten Sie gerade etwas wirklich Komisches und Gescheites gehört. Richten Sie den Blick auf die rückwärtige Wand, nicht auf die Leute direkt vor Ihnen. Sondieren Sie den äußeren Radius des Raums, von der linken

Ecke zur rechten. (Ein Bühnentrick: Jeder wird denken, Sie sähen ihn an ..., und wüßte gern, warum Sie lächeln.)

2 Jetzt muß das Territorium (Männer und Frauen) flächendeckend beflirtet werden. Dabei sehen Sie, wo sich bereits Gesellschaftskrapfen gebildet haben. Machen Sie noch einen minigroßen Auftritt in dem Teil des Raumes, in dem Sie anfangen wollen.

3 Schweben Sie zum nächstgelegenen interessanten Krapfen. Machen Sie einen Mikroauftritt in diesen Krapfen, werfen Sie mit frivolen und faszinierenden Fragen und Komplimenten um sich. Sie stellen fest, daß die Marmelade in diesem Krapfen drauf steht, die Marmelade zu sein, also wollen Sie dieser Person nicht allzu offensichtlich die Schau stehlen. Sie sollten der Marmelade klarmachen, daß sie oder er *mit Ihnen* noch wesentlich mehr Spaß haben kann und obendrein mitnehmen kann, wen er oder sie will. Irgendwann wird die Marmelade auf eine Ihrer Fragen eingehen, und dann heißt es: VERFÜHREN! VERFÜHREN! VERFÜHREN! Das heißt, für einige Minuten müssen Sie sich total auf die Marmelade konzentrieren. Die Marmelade wird anbeißen und Ihnen immer mehr erzählen wollen. In diesem Augenblick wenden Sie sich ein kleines bißchen von ihr ab, dann wieder ihr zu. Er oder sie wird jetzt noch faszinierter von Ihnen sein. Dann schlagen Sie vor, beim nächsten Krapfen vorbeizuschauen.

4 Es wird für Sie und Ihre „gestohlene Marmelade" oder „entführte Marmelade" ein leichtes sein, die Füllung des nächsten Krapfens zu verführen. Es gibt immer jemanden, der jemanden kennenlernen will.

5 Bewegen Sie sich von Krapfen zu Krapfen, „kosten" Sie die Füllungen weg. Sie ahnen, was passiert? Sie backen gerade den tollsten Gesellschaftskrapfen mit der marmeladigsten Marmelade, die es gibt, Sie Schlaue.

6 Verfolgen Sie immer, was sonst noch im Raum passiert. Wenn Sie dann einen großen, aufregenden Gesellschaftskrapfen gebacken haben, steht es Ihnen frei, jeden, den Sie entdecken und der Ihnen gefällt, dazuzuholen.

7 Zuletzt wird das ganze elitäre Getue durch die bloße Größe und den Umfang Ihres Krapfens wie von selbst verschwinden. Marmelade ist von Marmelade umringt, die noch mehr Marmelade wird, die zur totalen Marmelade verschmilzt. Mit anderen Worten, die ganze Party ist ein einziger von Marmelade triefender Krapfen, den Sie kreiert haben.

EIN ALLROUND-TALENT SEIN

Bis jetzt war diese ganze Königin-der-Nacht-Nummer nichts als Party, Party, Party. Lassen Sie uns jetzt darüber reden, wie Sie das Nachtleben dazu benutzen können, sich am Tag alle Türen zu öffnen. Moderne Menschen – besonders die, die in kreativen Bereichen tätig sind, aber nicht nur sie – sind fast immer Allround-Talente. Und je vielseitiger *Sie* sind, desto leichter wird es Ihnen fallen, sich in Gesellschaft auf die Wellenlänge anderer Menschen einzustellen. Sie werfen keine Netze aus oder suchen nach „Beziehungen", o nein. Sie interessiert, was man mit anderen zusammen tun kann.

Natürlich kann man bei vielen Projekten erfolgreich sein. Das Geheimrezept ist höchst einfach: Immer dafür sorgen, daß sie alle irgendwie miteinander verbunden sind, damit sie sich gegenseitig fördern. Sie sind Nachtclubperformer, der auch Schmuck entwirft? Tragen Sie Ihren Schmuck auf der Bühne! Sie sind Sekretärin und machen nebenbei Catering? Beliefern Sie eine Party Ihrer Firma, und nützen Sie jeden Augenblick, um zukünftige Catering-Aufträge an Land zu ziehen!

Sie können so viele Berufe haben, wie Sie wollen. Woher Sie wissen, *welchen* Beruf Sie haben wollen? Was wollten Sie als kleines Mädchen werden? Klingt das immer noch verlockend für Sie? Wenn ja, versuchen Sie's. Zuerst einmal heimlich – Sie dürfen erst an die Öffentlichkeit gehen, wenn Sie sich sicher fühlen bei dem, was sie tun.

Und wenn jemand einen Beruf vorschlägt, der Ihnen noch nie in den Sinn gekommen ist? Zum Beispiel: „Das sind ja phantastische

SONY

FOSTERS

A NEW YORK MOMENT

MIRIAM SCHAFER

DESIGNER RIFAT OZBEK IN LONDON

HELLOOOO: TELEPURRING IN PUBLIC

RUPERT EVERETT

LAWRENCE MONOSON & THIERRY MUGLER

MY BEST FRIEND JANIS SAVITT

PARISIAN NIGHTLIFE KING CLAUDE CHALLE

ACTOR IAN BUCCANAN

MY BIG LITTLE SISTER MORRI

MARIE SEZNEC OF CHRISTIAN LACROIX FAME & I DO SOFIA & JAYNE

LINDA EVANGELISTA

DAVID LEE ROTH

PHOTO: PATRICK MCMULLEN

PHOTO: ROXANNE LOWIT

WITH QUENTIN CRISP & ACTRESS SYLVIA MILES

J.P.G. & PHOTOGRAPHER PIERRE RUTCHIE

PHOTO: PATRICK MCMULLEN

ROBERT PALMER

NICK RHODES

BATGAULTIER

ME & JEAN-PAUL "BAT" GAULTIER IN NYC

ANDY WARHOL & JEAN-MICHEL BASQUIAT /
PHOTO: PATRICK MCMULLEN

BOY
GEORGE

ME & NICK
BEWIGGED

ME IN THE CONVERTIBLE NIGHTLIFE
KING RUDOLF ALWAYS PROMISED ME

SANDRA
BERNHARD:
ANGEL IN A
WHITE DRESS

PHOTO: PATRICK MCMULLEN

DAVID LETTERMAN
BACKSTAGE AFTER
I DID HIS SHOW

RUDOLFO THE MAGNIFICENT

DURAN DURAN'S JOHN TAYLOR
& NICK RHODES

PETER & I
GO TO THE
OPERA HOUSE
IN GERMANY

JON WEISER & ADEL ROOTSTEIN HERSELF

HUBERT "MR.
PARIS" &
AMANDA LEAR /
PHOTO: ROXANNE
LOWIT

JANIS SAVITT

BEAUTY IS GRACE JONES

Schnappschüsse! Ist Ihnen schon mal der Gedanke gekommen, Fotografin zu werden?" Ruhig versuchen, Süße!

Vielleicht inspiriert Sie etwas, was Sie in einem Film gesehen oder in einer Autobiographie gelesen haben. Ganz egal ... versuchen Sie's. Und setzen Sie sich keine Grenzen; das gilt auch für die Zeit. *Es schaffen, hat kein Zeitlimit.*

Vermeiden Sie die Gesellschaft von Neinsagern und Miesepetern. Umgeben Sie sich mit Menschen, die kreativ, ehrgeizig und hilfsbereit sind. So ein kreatives Unterstützungssystem läßt sich in den Burgen des Nachtlebens leicht aufbauen. Selbst Konkurrenz kann gesund sein, wenn Sie sich davon anspornen lassen. Sie dürfen nur nie den Fehler machen, *den Erfolg anderer Allround-Talente als Ihr Versagen zu sehen.* Sie sollten die Karriereambitionen der anderen anerkennen; Sie dürfen jedoch nie vergessen, daß Ihre Verbündeten Ihnen zwar helfen können, Sie aber nicht „machen" können – Sie müssen selbst daran glauben, daß *Sie* für *sich* der beste Promoter der Welt sind.

Selbstvermarktung: Wie man es richtig macht

1 Wenn jemand sagt: „He, wie geht's dir?", sollten Sie nicht gleich Ihren Lebenslauf, Ihre vergangenen, augenblicklichen und künftigen Pläne aufzählen. Dazu neigen wir zwar in New York und L.A., aber das ist keine Antwort auf die Frage. Wenn Sie allerdings jemand fragt: „Was machst du gerade?", ist das Ihr Stichwort für Selbstvermarktung, aber bitte unauffällig. Und wenn Sie sich zwischen verschiedenen Projekten befinden, geben Sie die Frage sofort zurück: „Was läuft gerade bei dir?"

2 *Grundsätzlich* sollte die Vermarktung ehrlich sein. Übertreiben Sie ruhig, aber bitte in Maßen. Zuviel des Guten kann nach hinten losgehen.

3 Geduldig sein: Verraten Sie nicht zuviel über Projekte, die noch in der Schwebe sind. Ein bißchen Erwartung schüren ist nicht verboten: „Es könnte etwas sehr Interessantes werden – ich weiß noch nicht wann, aber es läßt sich gut an." Erzählen Sie jedem

unbedingt: „Du wirst der erste sein, der es erfährt, wenn es soweit ist!" Es ist eine Frage des Ermessens ..., lassen Sie ein bißchen raus, das weckt die Neugier auf mehr.

4 Wenn Sie über sich selbst und Ihre Erfolge sprechen, dürfen Sie ruhig stolz sein, aber bitte nicht aufgeblasen. Behandeln Sie niemanden herablassend, denn gerade er oder sie könnte eines Tages in der Position sein, Ihnen zu helfen. Arroganz bringt gar nichts.

5 Eine der besten Methoden, Leute dazu zu bringen, einem zu helfen, ist, ihnen zu helfen.

6 Sie müssen lernen, wann man besser den Mund hält. Wie eine sehr bekannte Busenfreundin mir einmal sagte: „Geh nie in eine Talkshow, wenn du nichts zu vermarkten hast." Warum? Weil Sie sich dadurch als Opfer präsentieren. Besonders wenn Sie sexy sind (und das sind Sie!). Sexy sein ist toll, aber Sie sind kein Sexobjekt! Setzen Sie Ihre Attraktivität und alles andere – Ihren Sinn für Humor, Ihre Schrulligkeit, Ihr Nervensägentum – für Ihre Vermarktung ein, aber wenn Sie nichts zu sagen haben, dann sagen Sie bitte auch nichts.

7 Trainieren Sie Ihre Stimme, damit sie zielstrebig, begeistert, fröhlich klingt, aber mit einem professionellen, höflichen Biß. Kreischen Sie nie – nicht einmal in einem höllisch lauten Nachtclub. Wenn Sie etwas Interessantes zu sagen haben, werden die Leute verstummen und näherrücken, um es zu hören.

8 Betrachten Sie Ihre Unterschrift als Autogramm. Verändern Sie sie, wenn sie nicht stark und wichtig aussieht. So sah meine Unterschrift vor und nach einer Autogrammstunde aus:

9 Was sind die neun wichtigsten Worte der Selbstvermarktung? *Ich danke Ihnen. Ich danke Ihnen. Ich danke Ihnen!*

Gesundheitstips für die Königin der Nacht

Die Königin der Nacht muß Kraft und Energie sparen.

1 Die besten Helfer für eine wilde Partynacht sind die Vitamine B12 (Energie) und E (Sexyness) sowie Ginseng (extrasexy Energie).

2 Als Grundlage sollten Sie vor einer Party mit Buffet eine leichte, gesunde Mahlzeit zu sich nehmen. Die Delikatessen werden sicher verlockend sein, aber Knoblauchduft ist nicht verführerisch.

3 „Discoschläfchen!" Wenn Sie letzte Nacht unterwegs waren und heute wieder ausgehen wollen, dann müssen Sie ein Discoschläfchen machen! Licht aus und ein Schläfchen in Ihre fünfeinhalb Stunden einbauen. (Schlafen Sie auf dem Rücken, damit die Augen nicht schwellen und die Frisur nicht leidet.)

4 Wenn Sie ins Schwitzen kommen, stellen Sie sich nicht vor die Aircondition – Sie könnten sich verkühlen. Gehen Sie zur Damentoilette, tupfen Sie kaltes Wasser auf Puls, Stirn und Nacken.

5 Es ist schwer, sich dem Zigarettenrauch auf einer Party zu entziehen, aber es gibt unauffällige Methoden, die Leute daran zu hindern, Ihnen den Rauch ins Gesicht zu blasen. Versuchen Sie's mit: „Sie sehen wirklich aus wie Bogart mit der Zigarette im Mund. Darf ich mal Ihr Profil sehen? Oh, bleiben Sie so!"

6 Einmal die Woche müssen Sie die Zugbrücke hochziehen. Sie sind gerade von einer fabelhaften, unglaublichen Samstagsparty nach Hause gekommen – dem Höhepunkt von sechs Tagen herrlicher Feste – und sind wunderbar, selig erschöpft. Müde, aber zufrieden. Jetzt müssen Sie sich ausruhen, erholen und Ihre schönen Batterien wieder aufladen, Süße. Sperren Sie die Tür ab, und bleiben Sie bis Montag früh zu Hause. Machen Sie alles langsam und genüßlich. Sie dürfen nicht arbeiten, nicht mal an Arbeit denken. Schalten Sie Ihr Gehirn aus. Erlaubte Aktivitäten sind Liebesspionage per Telefon, Videofilme, Knabbereien, die Magnesiumreserven aufstocken (Spinat oder Schokolade, was Sie lieber mögen). Am Montag werden Sie Ihre Burg erfrischt verlassen, voller Leben und Ehrgeiz und bereit für die harte Arbeit Spaß der kommenden Woche.

**Entspann dich,
Süße!**

Foto: Ken Nahoum

Schwere Gedanken wälzend über die kosmischen und philosophischen Konnotationen von Anziehen und Herrichten in knapp sechs Stunden ...

Wie man sich in knapp sechs Stunden zurechtmacht

Wenn ich auf dem Laufsteg hüftschwingend meine Nummer abziehe, lebe ich einen Glamour-Girl-Barbiepuppen-Traum. Manchmal denke ich dann an die Samstagnachmittage meiner Anfänge als Traumfrau zurück. Meine Mutter Noni kaufte immer alte Brautjungfernkleider und billigen Modeschmuck zum Spielen für meine kleinen Kolleginnen und mich. Di Davidson, Patti Vesallo, Lilly Martinez und ich verbrachten unsere sechs Stunden damit, uns aufzutakeln. Und genauso viel Spaß wie damals hat man als Erwachsene, wenn man Kleiderstange auf dem Laufsteg spielt.

Ich bin natürlich im Vorteil, weil Model *einer* meiner vielen „Jobs" oder „Projekte" ist. Ich habe *Zutritt zum* Modeluniversum, bin aber nicht Teil davon. Ich komme und gehe, und deshalb wird mir dieser Job auch nicht langweilig ..., und ich muß mich nicht an die Regeln für Models halten. Ich bin einfach Diane Brill, eine Art Werbeblock zwischen den traditionellen Modepuppen auf dem Laufsteg (sagt mein Freund Stephen Saban).

Ich habe in meinem Laufstegleben schon gefährliche Situationen überlebt. Zum Beispiel damals, als Thierry Mugler, der große, gutaussehende und geniale (er hat mich schließlich entdeckt – zumindest für den Laufsteg) Designer mich nach Paris einfliegen ließ, wo ich als Höhepunkt seiner Show auftreten sollte. Thierry steckte mich in sein prachtvolles Hochzeitskleid. Dann setzte er mich auf eine motorisierte Schaukel. Fünfundzwanzig Meter über dem Boden. Ohne Netz. Ich sollte herabschweben, begleitet von Tausenden rosa und weißen Ballons, und zu den Klängen von *The Girl Can't Help It* auf der Bühne landen und meinen Hochzeitsstrauß werfen.

Mein Schicksal lag in den Händen des Schalters, den ein Bühnenarbeiter bediente, der nur französisch sprach. Bevor der Vorhang hochging, verklemmte sich der Schalter! Ich sauste himmelwärts, auf eine Gruppe gleißender Scheinwerfer zu. Ich schrie wie am Spieß, aber der Bühnenarbeiter reagierte nicht. Schließlich kam: „*Putain! Arrête! Arrête!*" (Schimpfwort! Halt! Halt!) wie durch ein Wunder aus meinem Mund. Er verstand und handelte – knapp 20 Zentimeter, bevor ich auf die heißen Lampen getroffen und eine gegrillte Braut geworden wäre. Die Show war ein überwältigender Erfolg.

Dieses traumatische Erlebnis hätte den meisten die Modelkarriere für immer vergällt, aber nicht mir. Ich wagte es, das Schicksal erneut herauszufordern.

Mugler wollte mich für eine neue Kollektion. Natürlich sagte ich ja. Unsere Freundschaft liegt ihm sehr am Herzen, und er ist wie alle Designer ein eifersüchtiger Hüter seiner Entdeckungen. Aber in dieser Saison hatte man mich auch gebeten, als Ehrengast in Jean-Paul Gaultiers Modenschau aufzutreten. Die Verhandlungen hinter den Kulissen waren ziemlich haarig, aber schließlich wurde man

Der Augenblick vor dem großen Fall.

sich einig – ohne böses Blut. Ja, ich konnte in beiden Shows auftreten, ohne eine treulose Frau zu sein. Wunderbar!

Und so fing ich reinen Gewissens mit meinen Anproben für Gaultier an. Jean-Paul ist einer dieser schrulligen, muskulösen TTs, die zwar wie Erwachsene aussehen, aber im Grunde ihres Herzens ein *enfant terrible* sind, das munter hinter der Fassade tobt. Wenn er sagt: „Du bist einfach grandios! Du bist meine bildschöne *Mademoiselle Bon Bon de Paris*, Brill", selbst wenn ich Liebestöter, Matrosenhemd und Armeetreter (mit HHs, *bien sûr*) anhabe, muß ich ihm glauben.

Es ging los! Sechstausend Menschen aus aller Welt kämpften Schicki an Micki um Einlaß in die Halle de la Villette – ein Schlachthaus aus Glas –, wo die Modeschau stattfand. Viele meiner Freunde – berüchtigte und berühmte wie Grace Jones und Boy George – waren im Gedränge. Hinter der Bühne herrschte der übliche organisierte Irrsinn.

In diesem Chaos tuschelten ein paar Mädchen über die VIPs im Publikum, vor allem über Jack Nicholson in der ersten Reihe.

(Die Sache ist die: Jedesmal, wenn ich diesen Namen höre, muß ich lachen. Ich bin ihm nur zweimal begegnet, aber jedesmal ist er vor mir geflüchtet. Das erstemal in Mick Jaggers und Jerry Halls Wohnung in New York bei einer kleinen Party für etwa fünfundzwanzig Leute, ganz ungezwungen und intim. Jack war ganz nett, aber kurz nachdem wir uns kennengelernt hatten, habe ich ihn mit der Zigarette eines anderen verbrannt, Essen auf sein Hemd gekippt, Perrier auf seinen Fuß getröpfelt. Danach ging der Typ mir den ganzen Abend aus dem Weg, was in den zwei Partyräumen der Wohnung gar nicht so einfach war. Sagen wir, aus irgendwelchen unerklärlichen Gründen wollte mein Charisma für Jack einfach nicht leuchten.

Beim zweitenmal traf ich im Palladium auf ihn, einem damals wichtigen Nachtclub in New York. Innerhalb von Sekunden war durch einen höchst seltsamen Unfall mein Perrier wieder in seinen Schuhen. Diesmal lachte ich, und Jack verschwand in

Windeseile. Ich hoffte, ihm in seinem Interesse nie wieder zu begegnen.

Aber ich hör' euch schon: „Erzähl endlich, was bei der Gaultier-Show passiert ist, Brill!" Okay. Die Bühne war etwa dreieinhalb Meter hoch, sehr groß, wie eine Rennbahn angelegt. In der Mitte und an den Rändern der Bühne waren die Fotografen. Hinter der Bühne standen wir fertig angezogen und bereit. Ich war hingerissen, wie phantastisch die Mädchen aussahen. Wir waren eine Armee! Und ich, als Ehrengast der Show, war bereit, zu toben und zu regieren! Wir machten alle unsere Runde und paßten auf, daß wir nicht runterfielen. Das Publikum ging gut mit und feuerte uns an. *Meine* Freunde hatten die besten Lungen.

Ich war zum vorletzten Defilee an der Reihe. Ich war verliebt in das Publikum, verliebt in die Kleider und einfach ungeheuer glücklich, dabeizusein. Mit einemmal packte mich die Lust auf ein Rückwärtsmanöver. Die Lichter strahlten, Paparazzikameras blitzen, und ich hörte nur, wie sechstausend Menschen plötzlich den Atem anhielten: „Aaaaaah!" Mir blieb das Herz stehen. Ich balancierte plötzlich direkt auf der Kante der dreieinhalb Meter hohen Bühne. Die Zeit blieb stehen – wie bei einem Autounfall kurz vor dem Zusammenstoß. Würde ich mich unsterblich blamieren, das Gleichgewicht verlieren und auf gebrochenem Hintern neben einem Pariser Laufsteg landen? Oder würde ich auf dem Laufsteg bleiben und meine Nummer weiter abziehen?

Ich wußte nicht, was passieren würde, richtig? Aber in diesen Sekunden fiel mir meine Schwester Morri ein, die in haarigen Situationen immer unser Familienmotto zitiert: „Wo eine Brill ist, ist auch ein Weg!" Ich beschloß, nicht zu versuchen, mich zurück auf den Laufsteg zu manövrieren, sondern mich dem Schwung anzuvertrauen und ihn zu kontrollieren. Und Gottes Hand ließ mich von der Bühne gleiten und elegant auf meinen High Heels landen, als wäre ich ein olympischer Star. Ich warf die Arme hoch – Wertungsnote 9,5 für diese Landung, dachte ich, wenn Olympiade wäre. Das Publikum drehte durch. TOTAL! Alles schrie, klatschte,

Blitzlichtgewitter ...

rstarrt ...

Meine olympische
9,5-Punkte-
Goldmedaillenlandung!

brüllte! Ich kletterte auf die Bühne zurück, um mein Defilee zu beenden. Das war wirklich ein großer Augenblick für mich. Die Königin des Laufstegs landet immer auf den Füßen.

P.S. Oh. Was ich fast vergessen hätte: Raten Sie mal, auf wessen Schoß ich um Haaresbreite gelandet wäre? Jawohl! Richtig! Jack Nicholson!

SCHÖNHEIT FÜR JEDEFRAU: WAHRHEITEN VON DIANNE BRILL, IHRER SIRENE DES STILS

Es stimmt: Heutzutage ist es leicht, gut auszusehen. Jede Frau ist schön, weil jeder Gesichtstyp angesagt ist. Ich habe die unglaublichsten und schönsten Nasenformen bei Frauen auf Titelblättern, Filmleinwänden und Pariser Laufstegen gesehen. Alles, wofür man uns in der Schule gehänselt hat, gehört jetzt zu unseren Pluspunkten.

Und wie sieht's mit den Körpern aus? Runder? Unbedingt. Brüste? Ja, in jeder Form. Straffe Beine und Hintern immer noch (verdammt!), aber heute in allen Größen. Dicke Knöchel? Ja. Schmale Knöchel? Ja. Dünne Beine? Jawohl! Kurvenreiche Beine? Die auch. Große Füße? *Beaucoup*! X-Beine? Ja. Gewichtsschwankungen? Ja, ja, ja.

Frauen, die weiblich aussehen. Frauen, die sämtliche Gesichts- und Körpereinmaligkeiten als Vorteile betrachten und benutzen. Endlich sagen *wir* den Modeschöpfern und den Medien, was *wir* als Traumfrauen für uns selbst und unsere Stars wollen. Und sie hören auf uns!

Sie müssen Aggressivität in Sachen eigener Stil zeigen. Sie müssen ihn finden. Und immer wieder neu finden. Außenglamour muß Innenglamour angepaßt werden. Stil ist Phantasie, nicht Diktat. Sie müssen in Ihrem Inneren suchen, wählen, was Sie ausstrahlen wollen – Ihren momentanen Stil. Und Sie müssen sich nach Einflüssen, Inspirationen, nach Ideen umsehen. Kleine Dinge, große Dinge, die Sie zu *Ihrem* Ding hinzufügen oder davon abziehen können. Echter Stil stagniert nie, er ändert sich ständig – genauso spontan, wie er geschaffen wurde.

Die Lebensdauer eines Looks

In der Schauspielerei recherchiert man einen Look für eine Rolle, für einen Typ in einer bestimmten Zeit, und entwickelt die dazu passende Persönlichkeit, deren Inneres und Äußeres. Das erfordert oft drastische Erfindungen, um sich der Rolle anzupassen. Im Leben kann man auf subtilere Art ebenfalls die Erregung des Neuen erleben, wenn man seinen Look regelmäßig neu kreiert.

Wie lange lebt ein Look? Solange, bis Sie die Nase voll haben – dann, wenn Sie einen Blick auf sich erhaschen und irgend etwas Ihnen nicht ganz frisch vorkommt, zu einstudiert, zu blasiert.

Vielleicht sagen Sie: „Mein Look ist so müde", und Ihre Busenfreundinnen widersprechen nicht. Oder Sie hören plötzlich Komplimente wie: „Ich hab' genau dasselbe Outfit!" von Leuten, deren Geschmack Ihnen Zahnschmerzen bereitet.

Andere Zeichen, daß es höchste Zeit für einen Wechsel ist? Wenn Sie den Look in jedem Schaufenster im nächsten Einkaufszentrum sehen können. Wenn Verkäuferinnen sagen: „Das geht wie verrückt!"

Die beste Faustregel: In dem Moment, wo „Stil" zu „Mode" wird (jeder trägt es), stirbt er. Mode führt dazu, daß alle gleich aussehen. Stil zu haben heißt, sich alle Mode anzusehen und den Look, der Ihnen gefällt, zu nehmen und zu individualisieren, zu Ihrem persönlichen Look zu machen.

Wenn ein Look seine Neuheit verloren hat – und auch nicht mehr ganz Sie ist –, dann ist die Zeit gekommen, neu zu erfinden und umzustellen, bis Sie Ihren nächsten Look gefunden haben. Look ist ein neuer Auftritt.

Sich einen neuen Look zulegen heißt nicht, daß Sie alles, was in Ihrem Schrank hängt, verbrennen und bei null anfangen müssen. Oft genügt etwas ganz Einfaches wie den Scheitel ändern, dichtere Augenbrauen aufbürsten, ein paar Knöpfe aufmachen oder eine lange Kostümjacke ohne Rock tragen.

Die große blonde Hoffnung

Haare und Make-up sind Teil Ihres Looks und müssen regelmäßig neu erfunden werden. Meiner Meinung nach sollte jede Traumfrau wenigstens einmal blond sein. Färben? Versuchen Sie's! Perücken? Warum nicht!

Aber Sie dürfen eines nicht vergessen: Blond werden ist eine schwere Verantwortung (wenn auch eine kurzlebige). Die Haare rot, brünett oder schwarz färben ist Arbeit, aber Blondinen müssen mit viel mehr Hingabe an die Sache rangehen, denn Blondsein erfordert ständige Aufmerksamkeit. Eine Woche der Unachtsamkeit kann bedeuten, daß der niedliche zehnjährige Nachbarssohn, wenn Sie Ihre Wohnung am Arm eines neuen TT verlassen, Sie in aller Unschuld fragt: „Warum sind deine Haare da schwarz und da blond, Miss Hollywood?" (Miss Hollywood nennen mich alle Kinder in der Nachbarschaft.) Sie sehen, die Devise lautet: Wurzeln haben blond zu sein. Außer Sie sind Debbie Harry oder Nick Rhodes von Duran Duran, der sagt, er sei gerne blond, aber nur mit dunklen Wurzeln – er bleicht die Spitzen *und* färbt den Ansatz dunkel.

Machen Sie das Beste aus Ihren Vorzügen

Bevor Sie sich anziehen, müssen Sie wissen, welches Ihre Vorzüge sind und wie Sie sie am besten bis zum Anschlag ausspielen können. Das bezieht sich auf Ihre äußeren, körperlichen Vorzüge, aber noch wichtiger ist Ihre innere Einstellung zu sinnlichem Aussehen.

Wahrscheinlich kennen Sie bereits Ihre einmaligen und besten körperlichen Vorzüge. Und da Sie nun wissen, wie wichtig Ihre Unterwelt ist, wissen Sie auch, wie Lingerie da nachhelfen kann, wo die Natur ein bißchen gestümpert hat, um jeden Aspekt Ihrer Anatomie zu verbessern und jeden Teil von Ihnen atemberaubend zu machen. Jetzt müssen Sie noch lernen, daß Ihre Kleider nicht nur zu Ihrer Figur, sondern auch zu Ihrer Psyche passen müssen.

Ich weiß, daß hautenge, figurbetonte Kleidung das beste für mich ist. Vielleicht sind Kleider mit Empiretaille und Ärmeln bis zum Boden gerade der letzte Schrei – mir ist das schnuppe. Ich weiß, es gibt Mädchen, die in diesen schicken kleinen Trapez-kleidern entzückend aussehen, aber das ist nicht *mein* Stil. Ich weiß, daß *ich* meinem Göttinnenimage am besten gerecht werde, wenn ich Kleider trage, die sich an jede meiner Kurven schmiegen, weil ich mich darin am besten fühle. Aber auch bei engen Kleidern gibt es zahllose Variationsmöglichkeiten, die sich allen Facetten ei-ner Stilpersönlichkeit wunderbar anpassen können, denn jede Traumfrau hat eine „Multiple style"-Persönlichkeit.

Stil haben heißt, sich ständig neu erfinden. Mit Kleidern, Make-up und Frisuren können Sie verschiedene Aspekte von sich herausbringen – Ihr jeweiliges Ich des Augenblicks. Und Sie wären überrascht zu merken, wie viele Frauen in Ihnen stecken: Vom harmlosen Schätzchen über das nette Girl bis zum Luder, zur Hexe und Teufelin steckt so gut wie jeder Frauentyp in Ihrer Seele!

Die meiste Zeit sind Sie natürlich eine völlig unwiderstehliche Kombination von engelsgleich und teuflisch. Es gibt Tage, an denen Sie ein bißchen böser sind, und solche, wo die Waagschale in Rich-tung süß kippt. Sie müssen jeden Tag, bevor Sie irgend etwas anzie-hen, die dramatische Dualität Ihrer Natur und das ungeheuerliche Spektrum, das diese bedeutet, überdenken. Stellen Sie fest, wie Sie sich heute fühlen, und kleiden Sie sich dann entsprechend! Sie sind alle Frauen, in einer Frau vereint, und brauchen ein volles Arsenal an Stil.

Sinnliches Shopping

Sie dürfen Shopping nie als Kleiderkauf sehen. Sie müssen es als sinnliches Erlebnis und Übung in Selbstverwirklichung be-trachten.

1 Kaufen Sie in Läden ein, in denen Sie sich wohl fühlen, weil sie Ihre Art Laden sind. Sie finden diese Läden. Sie kriegen dort die tollsten Sachen für wenig Geld. Das sind Ihre Läden, geheime Stilquellen, die man *nur* mit den engsten Freundinnen teilt.

BACKSTAGE WITH JERRY HALL JAGGER, JASMINE LE BON & LINDA EVANGELISTA

MASTER DESIGNER MUGLER ADDS TOUCHES TO MY SPACE SUIT

MY MUGLER SPACE SUIT LANDED WITH APPLAUSE IN HIS SHOW

CAROL JOHNSON PREPPING BACK-STAGE

PICK A SHOE, ANY SHOE

MAKEUP MAGICIAN PAINTS ME TO BEAUTY

CINDY CRAWFORD & NAOMI CAMPBELL

ME OY GEVALTING WHILE JEAN-PAUL LOOKS ON

IN FOR A FITTING WITH JEAN-PAUL GAULTIER, BUT FIRST A "LAP BREAK"

O.B. ON A MAKEUP MISSION

PHOTO: ROXANNE LOWIT

SUPER STYLIST DANILO

& ME AS "CRUELLA DEVILLE"

GETTING READY FOR R____ ____OU'S ROCK VIDEO

BACKSTAGE BODY MAKEUP

WHAT A JOB: TAKING CLOTHES ON & OFF BABES ALL DAY

JEAN-PAUL & MIMI DRESS ME—OOPS!

DANILO & ME IN WIG HEAVEN

BACKSTAGE WITH THE FASHION ARMY

ME IN A MUGLER FEATHER WIG WITH MY MAN

BACKSTAGE WITH DANILO: A BRILL DO IN THE MAKING

PETER & ME THE NIGHT I WAS SAVED FROM BEING A FRIED BRIDE

BLACK HAIR BRILL

PHOTO: ROXANNE LOWIT

BRILLBARELLA / PHOTO: ROXANNE LOWIT

THIERRY MUGLER: A DESIGNER IN ACTION

DRESSING WITH A DRESSER BACKSTAGE

2 Tragen Sie eine Frisur, die es überlebt, wenn Sie diese hautengen, busenbetonenden, zwei Nummern zu kleinen – aber heruntergesetzten – Rollkragenpullover anprobieren.

3 Erleben Sie Design, Material und Farbe auf einem total sinnlichen Level. Sie betrachten ein Kleid, das auf dem Bügel hängt. Welche Gefühle lösen diese Linien bei Ihnen aus? Welche Empfindungen haben Sie angesichts dieser Farben? Berühren Sie den Stoff, und denken Sie an einen TT – wie es sich an seinem Arm seiner Hand, seinem Gesicht anfühlen würde.

4 Probieren Sie alles an, und achten Sie darauf, daß Sie die richtigen Pumps und Unterwelt anhaben.

5 Bevor Sie in den Spiegel der Umkleidekabine schauen, schließen Sie die Augen und „fühlen Sie den Stil". Gleiten Sie mit den Fingern über Ihren Körper. Bewegen Sie sich in dem Kleid. Können Sie sich vorstellen, daß eine Armee von TTs beim Anblick dieser Kreation vor Ihnen auf die Knie fällt?

6 Öffnen Sie jetzt die Augen. Verschlingen Sie Ihren Anblick von allen Seiten. Fragen Sie sich: Betont dieses Outfit meine Vorzüge? Sollte irgendwo abgenäht werden? Zeigt es meine Kurven angemessen? Betont es meine himmlischen Beine? Macht es das Beste aus einem wunderbaren Po? Aus meinem Gesicht? Betont es nur die Vorzüge meiner Teile?

Den Look leben

Während Sie das Kleid ausprobieren, stellen Sie sich vor, Sie wären in dem Kleid, das Sie kaufen wollen, mit einem Begleiter unterwegs. Machen Sie ein paar Posen. Meine Favoriten:

1 Schlingen Sie Ihre Arme in Zeitlupe um sich. Kopf fallen lassen, Augen nach oben, Arme fest um den Körper, Busen vorteilhaft hochgequetscht. Linke Schulter trifft Kinn. Dreiviertelprofil. Augen beginnen zu strahlen. Mag der Spiegel das Kleidungsstück? Wenn nicht, dann „nächster, bitte!!!"

2 Stemmen Sie eine Hand in die Hüfte. Ergreifen Sie mit der anderen Hand den linken oder rechten Rockzipfel, während Sie mit dem richtigen Bein einen Ausfallschritt machen. (Sie strecken die Zehen vor und beugen den Unterschenkel leicht einwärts, fast wie zu einem Knicks.) Blicken Sie nach oben und dann nach unten. Näschen hochziehen, lächeln und Zähne blitzen lassen. Gut. Ringt Ihnen Ihr Anblick Begeisterungsschreie ab? Schauen wir uns das Ganze von hinten an.

3 Drehen Sie den Po zum Spiegel. Heben Sie die Arme über den Kopf, die Hände über der Frisur gekreuzt (klassische Badeschönheitspose). Schieben Sie eine Hüfte vor. Jetzt stecken Sie den Kopf zwischen Ihre Arme und schauen über die Schulter in den Spiegel. Wenn dieser Outfit jetzt nicht laut danach schreit, gekauft zu werden, weitershoppen, Herzchen, oder gehen Sie nach Hause und gönnen Sie sich einen Café Frappé.

REZEPT FÜR CAFÉ FRAPPÉ

Zutaten:
- Ein Mixer, Höchstgeschwindigkeit
- Eine Einheit Eiswürfel
- 3 Löffel Streusüße
- 1 Eßlöffel reiner Vanilleextrakt
- $1/2$ Mixer voll kalten, schwarzen, starken Kaffee

Zubereitung:
Rein damit/einschalten/gut mischen/mmmmm! So mögen wir's, eine Post-Shopping-Leckerei mit praktisch null Kalorien.

Gesunde Version:
Statt Streusüße nehmen Sie zwei Eßlöffel Bio-Honig, koffeinfreien Kaffee, gemahlene Vanilleschote statt Extrakt. Falls Sie es mögen, einen Spritzer Sojamilch dazu.

WIE MAN ZUM CHAMÄLEON WIRD

Wir setzen uns aus fünfzig Millionen Dingen zusammen – alle, die wir kennen, alles, was wir sehen, hören, schmecken oder riechen, hat seine Wirkung auf uns. Nutzen Sie das! Sie sind eine Collage aus verschiedenen Perspektiven, eine Mischung von neuen, oft überraschend anderen Ideen, die sich vereinen, um Ihr einmaliges momentanes Ich zu formen. Egal welchen Stil Sie gerade ausprobieren, Ihr Wesen bleibt immer erhalten.

Sehen Sie sich jeden Look an. Etwas dabei, was Ihnen gefällt? Machen Sie es sich zu eigen. Das heißt nicht, daß Sie den Stil von jemand anderem kopieren sollen. Wenn Sie das tun, sehen Sie wie eine schlechte Imitation einer anderen Frau aus. Nehmen Sie die Essenz des Stils, den Sie bewundern, und mischen Sie ihn mit Ihren eigenen Zutaten, immer mit einem Auge darauf, ob dieser Look Sie auch ins rechte Licht rückt. Mit anderen Worten, Herzchen: Den neuen Look *wie ein Chamäleon* aufnehmen, *nicht klonen.* Abgesehen von den Frauen – und sogar den Männern –, mit denen Sie Tag und Nacht umgeben sind, gibt es noch andere wichtige Quellen des Stils. Hier die wichtigsten Nachschlagwerke:

Modemagazine: Alle Haute-Couture-Blätter sind das beste für frische, kreative oder riskante Neuheiten in Sachen Glamour. Die englischen Illustrierten haben die exzentrischsten neuen Looks. Die Franzosen sind ebenfalls *avant*; sie haben dieses Pariser Etwas, das ein Muß ist. Die italienische *Vogue* ist eine Inspiration. Jedes russische Modemagazin, das Ihnen in die Quere kommt, muß vernichtet werden, damit es ja keinen Einfluß auf Sie hat ...

In Illustrierten finden Sie interessante Fotos von Make-up und Haaren und Artikeln über die Traumfrauen und die Berühmtheiten, die Sie mögen. Blättern Sie das Heft durch, suchen Sie Ihren Typ, was Farbe und Figur betrifft (so gut es geht), und studieren Sie Ihren Look. Beim Durchblättern entdecken Sie sicher eine tolle Traumfrau, die aussieht, als wäre sie gerade aufgewacht. Sie wissen schon: Haarlocke, die perfekt ins Gesicht fällt, Haut, die perlengleich schimmert, scheinbar ungeschminkt, nur mit Mutter

Naturs rosigem Hauch, der ihre Wangen rötet. Wäre es nicht toll, so auszusehen? Aber diese Frau sind *Sie*, wenn Sie sechs Stunden lang von einem weltberühmten Team von Haarkünstlern, Stylisten, Beleuchtungsassistenten, Starfotografen und Modedesignern in die Mangel genommen worden sind. (Nachher machen wir das selber.)

Filmbücher: Studieren Sie *alle* Hollywoodgöttinnen von damals und heute. Sehen Sie sich an, wie die Blondinen, Brünetten und Rothaarigen ihr Haar und ihr Gesicht präsentieren. Suchen Sie sich einen Typ, dem Sie „irgendwie" ähneln oder mit dem Sie sich identifizieren können. Stellen Sie fest, was Ihnen an dem Look gefällt und wie Sie das in Ihren integrieren können. Nehmen Sie das Foto mit zu Ihrem Friseur, oder versuchen Sie, die Frisur zu Hause selbst zu machen. Üben Sie Make-up-Techniken – wie man Sophias Katzenaugen macht, Brigittes Schmollmund, Raquels Knochenstruktur.

Videos: Leihen Sie sich die nicht nur zur Unterhaltung aus! Analysieren Sie alles. Wenn Sie wollen, machen Sie sich Notizen. Zurückspulen, Vorspulen, und dann tragen Sie Ihre Beobachtungen in Ihre Modekartei ein – nicht nur, *was* Ann-Margaret trägt, sondern auch, *wie* sie es trägt. Studieren Sie den Gang, die Posen und auch das Mienenspiel der Stars. Üben!

Kunstbücher, Galerien und Museen: Antik, klassisch, modern, postmodern, post-postmodern. Sexy (wie das Vargasgirl), modisch (wie bei Erté). Renaissance? Warum nicht? Sie sind eine hinreißende Renaissancefrau, ja? Niedere Kunst, Hohe Kunst, Kitsch. Jede, die Ihr Herz zum Klopfen bringt. Ideal für Ideen, Inspirationen und um Ihnen zu zeigen, wie sich im Lauf der Zeit der Schönheitsbegriff verändert hat und durch Künstler interpretiert wurde.

Glamour-Bühnen

Oh, Sie bildschönes Herzchen! Jetzt wissen Sie, wie Sie aus sich machen können, was Sie wollen. Machen Sie einen Test, und erfinden Sie einen ganz besonderen Look für einen ganz besonderen Abend. Nehmen Sie sich volle sechs Stunden Zeit, um ihn zu kreieren. Natürlich erfordert nicht jeder Anlaß sechs Stunden Vorbereitung, aber eine wahre Sirene des Stils geht nie unvorbereitet an die Öffentlichkeit.

Strand: Hochhackige Pantoletten, Sonnenbrille, Sonnenblocker, Konturen- und Lippenstift, wasserfeste Wimperntusche und Badeanzug mit Chiffonsarong. (Vorbereitungszeit: dreißig Minuten.)

Kurzer Abstecher ins Feinkostgeschäft: Ein Muß, nicht nur wegen dem hübschen Lehrling, sondern auch für den speziellen Jemand, der vielleicht auch nicht ohne diese bestimmten Kekse frühstücken kann. Ganz schlicht – Puder, Hut oder Kopftuch, Filmstarsonnenbrille und Lippenstift. (Vorbereitungszeit: zehn Minuten.)

Kaffeeklatsch: Die wirklich selbstsichere Traumfrau zieht sich zuallererst für sich selbst an, zweitens für die Männer und zuallerletzt für Ihre Traumfraukolleginnen. Aber für die reinen Frauentreffen, bei denen es für gewöhnlich um Kaffee, Männer, Geschäfte und Männergeschäfte geht, gibt es dennoch bestimmte Glamour-Regeln. Manche nennen diese Art Erfahrungsaustausch auch „Tees". Sie können bei der Traumfrau mit der größten Wohnung stattfinden oder in einem der ältesten, besten Hotels der Stadt oder in einem Lokal mit ausgezeichnetem Kaffee. Es ist unmöglich, solche Klatschtreffen während der Geschäftszeit zu veranstalten oder nach einem anstrengenden Arbeitstag. Nein, das ist ein besonderes Ereignis für einen freien Samstag, wenn wenigstens sechs von Ihnen gleichzeitig verfügbar sind. Akzeptieren Sie keine Absagen! Suchen Sie sich ein Motto, und ziehen Sie sich entsprechend an:

1 Jede trägt ihr neuestes Kleidungsstück.
2 Förmliche Kleidung (erklärt sich von selbst).
3 Konträr zum Typ kleiden (zum Beispiel: die heiße, sexy *femme* als schickes Mannweib).

Solche Kostümierungs- und Diskussionsveranstaltungen erfordern eine gewisse Vorbereitungszeit. Die Looks müssen das Sitzen vertragen und auch ein bißchen verschütteten Kaffee oder sonstige kleine Mißgeschicke. (Vorbereitungszeit: eine bis drei Stunden.)

Schicker Friseursalon: Ihr Haar zurechtmachen, bevor Sie sich die Haare machen lassen, ist so, als würden Sie putzen, bevor die Putzfrau kommt. Legen Sie eine leichte Grundierung auf (das beste bei tropfendem Shampoo); Lippen, Augen und Wangen nur leicht betonen. Tragen Sie etwas, was sich leicht öffnen oder aufknöpfen läßt, damit es nicht naß wird. (Vorbereitungszeit: zwei Stunden ohne Kopftuch, fünfundvierzig Minuten mit.)

Politisch korrekt: Schlichtes Make-up, das den ganzen Tag hält – nur sehr wenig, damit Ihr Gesicht den Ausdruck wechselt, wenn Sie es tun. Tragen Sie saubere, klare, einfache und komfortable vollendete Mode mit Bewegungsfreiheit. Natürlich High Heels, aber solche, mit denen marschiert werden kann. (Vorbereitungszeit: eine Stunde, einschließlich Bügeln aller Kleidungsstücke.)

Das kleine Schwarze

Ein Muß für Jedefrau. Zu allen Zeiten waren Frauen mit diesem Eckpfeiler jeder Garderobe Sirenen des Stils. Zum Beispiel La Pasionaria, Anführerin der Sozialisten im Spanischen Bürgerkrieg. Sie verlor den Krieg, aber behielt den Look – und den Ruf – während ihres vierzigjährigen selbstauferlegten Exils in Rußland und ihren letzten Jahren in Spanien nach der Befreiung. Mit vierundneunzig trug sie immer noch ihre schwarzen Kleider. Diese kompromißlose Kämpferin und Trägerin schwarzer Kleider ist ein Vorbild für uns alle, was Stil betrifft.

Eine andere bemerkenswerte Trägerin schwarzer Kleider war die „Dame im schwarzen Kleid". An den Höfen der österreichischen Aristokratie wurden einst glanzvolle Bälle gegeben. Man riß sich um Einladungen zu diesen Spektakeln und brauchte bis zu zwölf Stunden, um sich dafür zurechtzumachen (wir mit unseren sechs wären ausgelacht worden!). Eine traumhaft schöne und schüchterne legendäre Dame kam in einem atemberaubenden schwarzen Brokatsatinkleid, das mit Juwelen und Perlen bestickt war – natürlich mit passenden Schuhen und passender Tasche – auf so einen Ball. Sie war eine solche Augenweide und so unterhaltsam, daß sie

Ich in meinem
kleinen
Schwarzen.

bald auf jeden Ball eingeladen wurde. Sie hatte blaues Blut – und keinen roten Heller.

In dem einzigen Kleid, das sie besaß, ihrem „schwarzen Kleid" oder „Kleinen Schwarzen", besuchte sie all diese Bälle, und der gesamte Adel lag ihr zu Füßen (dank ihrem Stil und ihrem Ruf; sie aber glaubte, ihr gesellschaftlicher Erfolg verdanke sich den magischen Kräften dieses Kleides).

Leider regierte die Eifersucht an diesen Höfen, und eine besonders sauertöpfische Nichttraumfrau stahl das Kleid und vernichtete es. Und obwohl die Dame mit dem schwarzen Kleid ein Vermögen in Form von Geschenken ihrer Bewunderer besaß und sich fünfzig Kleider in jeder Farbe hätte anfertigen lassen können, glaubte die arme, unsichere Süße ja naiverweise, das Kleid sei die Quelle ihrer Anziehungskraft gewesen, und nahm sein Verschwinden als Wink des Schicksals, sich aus der Gesellschaft zurückzuziehen.

Mit ihrem Vermögen züchtete die Dame dann Lipizzaner – ähnlich wie viele andere Göttinnen im Ruhestand (Lana Turner mit ihren Lamas; Doris Day, aktive Tierschützerin; Brigitte Bardot, die ihr halbes Vermögen einer Auktion für Tierschutzgelder stiftete). Von diesem Tag an trug sie kein Kleid mehr als einmal.

Das Gummikleid

Das Gummikleid existierte jahrelang in der Fetischistenmode, besonders in London. Ich will nicht behaupten, ich hätte das Gummikleid salonfähig gemacht, aber ich habe es zumindest aus der Obskurität ins Nachtleben befördert, als ich diesen Look von London nach New York mitbrachte. Damals entwickelte ich den Spleen, Gummi zu tragen, und ließ mir die Kleider maßschneidern. Eines meiner Kleider befindet sich heute in der Sammlung von Billy Boy of Paris. Billy Boy stellt berühmte Stilkennzeichen international berühmter Leute aus, und er hat damit dem Gummikleid Zutritt zur Modeewigkeit verschafft. Gummikleider kann man in manchen Städten von der Stange kaufen, vor allem in London, wo

Das Gummikleid: Die Kotflügel sind frischpoliert.

es sie in allen Farben gibt, sogar in Kaugummirosa. Sie werden sich vorkommen, als hätten Sie eine kräftige Umarmung an ..., wenn Sie erst mal drin sind. Das geht so:

Sie brauchen: Autopolitur (zum Polieren der Außenhaut), Babypuder oder anderen gutriechenden Puder (damit es innen besser rutscht).

Tips vor dem Startschuß: Bitte keine Strapse und Strümpfe, außer Sie wollen Ihr Unterweltgerüst zeigen (was auch gut ist). Nackt ist bei Gummi toll, denn er hebt und glättet alles und fühlt sich so gut an, wie er aussieht.

1 Pudern Sie die Innenseite Ihres Kleides großzügig aus.
2 Steigen Sie in das Kleid.
3 Rollen Sie jetzt das Kleid hoch. Vorsicht mit den Nägeln – wenn der Gummi reißt, ist alles gelaufen.
4 Haken Sie die Riemen über die Schulter. Brüste arrangieren.
5 Jetzt zupfen Sie den Gummi vorsichtig von Ihrem Körper weg, rücken alles zurecht und glätten Luftblasen.
6 Großzügig über das ganze Kleid Autopolitur verteilen. Vorsicht vor Streifen! TT zu Hilfe holen für unerreichbare Stellen.

Auf der Party wird Sie jeder fragen, wie Sie in das Kleid gekommen sind. Sagen Sie ihnen, sie sollen Brills Buch kaufen, wenn sie es wissen wollen! Also, Sie werden unter diesem Kleid feucht werden, aber es wird sich nicht klamm anfühlen, nur etwas glitschig. Und wenn Sie das Kleid ausziehen, wird sich Ihre Haut glatter und weicher als je zuvor anfühlen.

Der ganz besondere, megawichtige Du-siehst-unglaublicher-als-je-zuvor-aus-Glamour: Wie man sich in knapp sechs Stunden ausgehfertig macht

Angenommen, Sie haben drei TTs, mit denen Sie ständig ausgehen. Und wie es der Zufall will, wollen alle drei Sie zu Ihrem Geburtstag ausführen. Was macht die Brill-Traumfrau in so einem Fall? Ganz einfach, Sie sagen jedem ein anderes Datum! So ist jeder TT glücklich, und Sie werden fast eine Woche lang angemessen gefeiert. Solche Anlässe verdienen Ihr volles Sechsstundenprogramm (wie alle High-Glam-Fab-Anlässe). Also, angenommen, er holt Sie um neun Uhr ab – dann müssen Sie Ihr Programm um drei Uhr starten.

WAS MAN WÄHREND DES ANZIEHENS TUN KANN

Vielleicht halten Sie sechs Stunden Anziehen für eine obszön eitle Zeitverschwendung. Natürlich ist das obszön eitel. Aber keine Zeitverschwendung. Und während Ihre Hände damit beschäftigt sind, Ihr tolles Gesicht und Ihren tollen Körper zu schmücken, kann Ihr Verstand abheben. Dinge, an die man beim Anziehen denken kann:

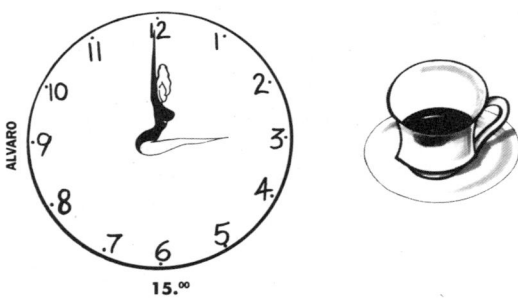

15.⁰⁰

1 Üben Sie spontane Gespräche. Spielen Sie seine und Ihre Rolle.
2 Trinken Sie Kaffee. Machen Sie immer Pausen beim Herrichten und Anziehen mit reichlichen Dosen Kaffee und Mineralwasser. Kaffee gibt Ihnen die Heiterkeit, es zu träumen, und die Vitalität, es zu tun, wie es so schön in den alten Kaffeereklamen heißt, und Wasser schwemmt das berühmte Gift des Kaffees aus.
3 Nehmen Sie Vitamin-B-Präparate.
4 Denken Sie total selbstsüchtige Gedanken. Machen Sie im Geist eine Liste aller Dinge, die Sie an sich lieben.

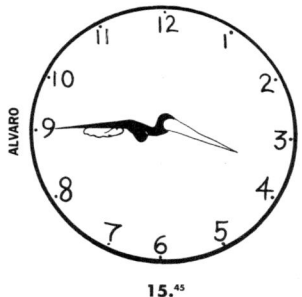

5 Üben Sie Ihre Posen und Ihren Gang. Verschiedene Outfits erfordern verschiedene Arten des Gehens und des Posierens – entscheidend sind Enge und Länge des Rocks, Schuhform und Absatzhöhe; machen Sie Ihren Gang zum passenden Accessoire für Ihr Outfit.

Das Nachdenken über das Anziehen ist der erste Schritt zum Anziehen. Stimmen Sie sich mental und seelisch ein. Umgeben Sie sich mit Büchern, Illustrierten, Videos und allen Nachschlagewerken, die etwas mit Ihrem Look von heute abend zu tun haben. Blättern Sie die Bücher genüßlich durch, und hören Sie dazu die passende Musik – nichts zu Schnelles oder zu Lautes. (Sie sollten eine Musikstimmung aufbauen, die von sanften, verwöhnenden Klängen bis zum Crescendo für den großen Auftritt reicht.) Legen Sie ein Video ein (ohne Ton), und studieren Sie die Bewegungen, während Sie sich Finger- und Zehennägel lackieren. Streifen Sie Ihr straußenfedernbesetztes Traumnegligée und die High Heels nur für zu Hause ab. Bereiten Sie sich auf das Baderitual der Brill-Traumfrau vor. Musik: Bässe weiter aufdrehen.

Baderitual der Brill-Traumfrau

Frieden. Stille. In sich selbst vertieft sein. Sich verwöhnen. Die Zeit genießen. Ihre Zeit. Total. Kein Telefon (außer Sie wollen für einen TT abheben), keine Türklingel, keine Verantwortung. Sie sind frei, weil Sie „Gefangene des Schaums" sind. Das ist die wahre Bedeutung jedes Schaumbads für die wahre Traumfrau. Wie Sie Ihr Schaumbad zu einem noch vollkommeneren, sinnlichen, kurähnlichen Erlebnis machen können:

1 Kleine Genüsse am Wannenrand: Geeiste Extravaganzen (San Pellegrino mit Birnensaft, Aqua Libre, Diätcola, Trüffel). Duftkerzen. Potpourri (in den Schaum kippen). Zitronenschnitze. Alles zum Rasieren.

2 Engelshaut-Peeling aus eigener Herstellung: Bereiten Sie eine Mischung aus einer Handvoll Meersalz und normalem Salz. Fügen Sie Oliven- oder Mandelöl zu, bis es eine Paste ergibt. Stellen Sie sich in die leere Wanne, und spritzen Sie etwas Wasser über Ihren Körper. Dann nehmen Sie die Paste und fangen an sich abzuschrubben. Am ganzen Körper. Überall. Gut abduschen.

VERWÖHN-EXTRAS

1 Sahnewürfel: Frieren Sie Sahne in Eiswürfelbehältern. Reiben Sie mit den Würfeln Ihre Haut ein.

2 Der rubinrote Vaselineschuh: Füße mit Vaseline eincremen, in rote Baumwollsocken schlüpfen. Einige Stunden während des Anziehens tragen.

1 Venushügelpomade: Verreiben Sie eine winzige Menge Vaseline auf Ihren Handflächen; streichen Sie über Ihr Schamhaar; das macht das Schnurrfell weich.

3 Die Keine-Angst-vor-Mayo-Haarkur: Riesenglas billige, fette Mayonnaise. Aufs trockene Haar verteilen. Igitt! Nehmen Sie eine Plastikbahn, und machen Sie einen Turban um Ihren Kopf (um die Körperwärme zu halten und den Mayofestiger anzuwärmen). Dann machen Sie sich einen weiteren Turban aus Alufolie mit wenigstens zwei spitzen „Ohren" aus gefalteter Folie (zum Spaß!).

4 Le Masque de Schlamm: Heilerde (gibt's in jedem Reformhaus) auf gereinigtes Gesicht auftragen. Trocknen lassen; mit kühlem Wasser abspülen.

5 Schaumbad der Träume: Wassertemperatur genau nach Ihrem Geschmack regulieren. Gießen Sie Ihr Lieblingsschaumbad und ein Päckchen Milchpulver unter das fließende Wasser. Badewanne bis zum Rand füllen! Werfen Sie eine Handvoll Rosenpotpourri hinein, einfach zum Spaß. Wenn Ihr Schaumbad

nicht rosa ist, geben Sie ein paar Tropfen rote Speisefarbe hinein, die mischt sich dann mit der Milch zu einem sahnig rosa Traumbad. Kerzen anzünden. Steigen Sie langsam in die Wanne. Lassen Sie sich Zentimeter für Zentimeter langsam hineingleiten (bis zum Hals, vorsicht mit den Alu-„Ohren"!). Mmmm! Dümpeln und entspannen. Heißes Wasser nach Bedarf nachlassen. Ellbogen mit Zitrone bleichen. Nach fünfzehn Minuten Beine und Achseln rasieren. Füße massieren. Aufstehen, Wasser auslassen, Schlammaske und Haarkur abduschen. Shampoo und Spülung für die Haare ... *alle* Haare. Kühl nachspülen. Prickelt! Mit flauschigem Handtuch trockentupfen. Körperlotion auftragen.

Parfum über Parfum

Am besten kaufen Sie alles – Seife, Puder, Parfum und Colognespray – in Ihrer auserwählten Duftnote für den TT dieses Abends (nicht vergessen: selber Typ, gleicher Duft!). Parfümieren Sie Ihre Pulsadern – ein bißchen. Nasse Haare mit Cologne einsprühen. Empfindliche Stellen pudern. (Im Bad haben Sie sich bereits mit Seife parfümiert.)

Zeit fürs Make-up! Sie sollten das Tempo Ihrer musikalischen Auswahl steigern, damit Sie in Fahrt kommen für diese sehr aktive

Phase. Setzen Sie sich an Ihren Schminktisch, nur mit einem Lächeln und Ihren rubinroten Vaselineschuhen bekleidet. Ich werde Ihnen nicht sagen, wie Sie aussehen sollen – Sie wissen selbst, was heute abend gefragt ist –, aber ein paar Vorschläge habe ich:

Neo-Cleo-Glamour-Augen

Zutaten: Wimpernkleber, wasserfeste Wimperntusche, Wimpernschere, mittellange und lange einzelne falsche Wimpern, abgeschrägte Lidschattenbürste, dunkelgrauer oder schwarzer Lidschatten, Gesichtspuder, Puderpinsel, Q-Tips, Espresso.

Technik: Wissen Sie noch, wie Sie als kleines Mädchen all diese tollen Grimassen vor dem Spiegel geschnitten haben? Erinnern Sie sich daran, wie Sie mit den Fingern von den äußeren Augenwinkeln aus Schlitzaugen gezogen haben? Das ist die Ausgangsposition für Neo-Cleo-Glamour-Augen.

1 Nehmen Sie den abgeschrägten Lidschattenpinsel. Stippen Sie ihn leicht in den dunklen Lidschatten. Setzen Sie den Pinsel in der Mitte des Oberlids an, und ziehen Sie ihn nach außen. Wiederholen. Die oberen äußeren Ecken mit Lidschatten nachtupfen, da, wo noch keine Farbe ist. Ihr Ziel ist die schräge Katzenaugenlinie. Sexy, sexy! Jetzt das andere Auge.

2 Tauchen Sie Ihren Puderpinsel in etwas losen Gesichtspuder. Stäuben Sie behutsam Puder über das ganze Augenlid. Nippen Sie an Ihrem Espresso. Anderes Auge.

3 Tupfen Sie etwas Puder mit einem Q-Tip unter den Ansatz der unteren Wimpernreihe. Espresso nippen. Anderes Auge.

4 Jetzt das untere Lid mit dunklem Lidschatten nachziehen. Beginnen Sie in der Mitte, und gehen Sie in gerader Linie zum äußeren Augenwinkel. Die Linie am Oberlid und die am Unterlid dürfen sich nicht treffen. Espresso nippen. Anderes Auge.

5 Wimperntusche auf untere Wimpernreihe auftragen.

6 Obere Wimpern mit der Wimpernschere hochbiegen.

7 Obere Wimpernreihe tuschen.

8 Drücken Sie drei einzelne in Wimpernkleber getauchte Wimpern an die äußeren Winkel Ihrer Augen, etwas außerhalb des Endes Ihrer natürlichen Wimpernlinie, um Ihre Augen zu vergrößern und schräger zu machen. Siehe da: fehlerlose, fabelhafte Sexkätzchenaugen. Schnurren Sie in den Spiegel. Nehmen Sie sich eine Minute Zeit zum Bewundern. (Abschminken mit Make-up-Entferner auf Ölbasis.)

Traumaugenbrauen für Traumfrauen

Wie kriegen diese schicken Schwestern dieses „gewisse Etwas" in ihre Augenbrauen? Sie wissen schon, diese sexy Bogen! Einige machen das, indem sie die halbe Braue abrasieren und den Rest aufmalen, aber diese Methode ist altmodisch und gefährlich. Es gibt viel bessere Methoden, um Ihren Brauen die Form und Schattierung zu verleihen, die Ihre bildschönen Augen verdienen.

Meine beste Freundin Janis ist besessen von „Wenn"-Szenarios wie zum Beispiel: „Wenn du auf einer einsamen Insel stranden würdest und nur zwei Schönheitsartikel mitnehmen dürftest, welche würdest du wählen?" Sie sollte sich eine Pinzette und ein Brauenschminkset mitnehmen. Warum? Ihre sexy Art, ihre gebogenen Brauen zu schminken, ist ihr unfehlbarer Verführungstrick. Meine allerliebsten Augenbrauen sind hohe, gewölbte Bögen. Hier die Liste der Zutaten:

1 Steifer, abgeschrägter Augenbrauenpinsel.

2 Matter Farbpuder in Blond, Rostrot, Schwarz, Braun oder Anthrazit.

3 Zahnbürste (nach Gebrauch mit heißem Wasser und Seife reinigen).

4 Pinzette.

5 Astringent.

6 Starkes Haarspray oder Haargel.

7 Babypuder.

8 Spiegel (ist doch wohl klar!).

Die gewölbten Brauen kreieren

1 Zupfen Sie verirrte Haare weg, wo nötig. Bitte vorsichtig und *nie zuviel* zupfen. Wenn Sie an die Stelle direkt parallel zum Außenwinkel Ihres Auges kommen, zupfen Sie etwas heftiger, damit die Braue sich nach oben und außen wölbt (denken Sie an Dr. Spock von *Raumschiff Enterprise*). Astringent über die gezupften Stellen tupfen, dann Babypuder. Machen Sie sich einen koffeinfreien Espresso (Sie brauchen eine ruhige Hand!), dann wenden Sie sich wieder dem Spiegel zu.

2 Stippen Sie die abgeschrägte Bürste in die richtige Farbe Brauenschatten. Dann bürsten Sie vom inneren Ansatz der Braue nach oben; konzentrieren Sie sich auf den oberen Teil der Braue. Am höchsten Punkt des Bogens stoppen Sie (parallel zum Außenwinkel des Auges). Jetzt übertreiben Sie den Bogen, indem Sie am höchsten Punkt mit Brauenschatten eine Spitze zeichnen – sie sollte abgeschrägt sein, nicht gerundet. Jetzt die Schattenlinie ein bißchen nach unten und außen verteilen.

3 Bespritzen Sie die Zahnbürste mit Haarspray (oder geben Sie etwas Gel auf die Borsten). Bürsten Sie nach oben, die ganze Braue entlang, und bringen Sie sie behutsam in Form.

4 Praktische Anwendung: Wenn Sie einen TT an sich vorbeigehen sehen, heben Sie diese wunderbaren Brauen. Geht er unwillkürlich rückwärts, oder bleibt er stehen, um in Ihre Richtung zu schauen? Ja? Dann haben Sie den Bogen raus!

Der Brill-Kußmund

So machen Sie Ihren Lippenstift kußsicher, gleichgültig wie viele Kußmundabdrücke (oder, in meinem Fall, Brill-Bussis) Sie geben.

Zutaten:
- Wasserfeste Konturenstifte, der eine etwas heller als Ihr Lippenstift, der andere drei Nuancen dunkler.
- Lippenstift in einer Da-fällt-er-tot-um-Farbe, Konsistenz eher trocken, nicht feucht. (Feuchte Lippenstifte über Nacht offen

lassen, um sie auszutrocknen.)
• Klarer Lipgloss (nach Belieben).

Technik:
1 Sie haben bereits Make-up aufgelegt und Ihr ganzes Gesicht leicht gepudert, auch die Lippen. Ziehen Sie mit dem etwas helleren Stift Ihre Ober- und Unterlippe nach.
2 Malen Sie die Lippen mit dem helleren Stift ganz aus.
3 Nehmen Sie den dunkleren Stift, und dunkeln Sie damit die Mitte Ihrer Unterlippe nach, bis in den Mund hinein. (Der Instantschmollmund!)
4 Streichen Sie etwas Gesichtspuder auf den Mund.
5 Lippenstift auf die Lippen tupfen, mit dem Finger verstreichen.
6 Eine dünne Schicht Lipgloss auftragen, wenn Sie wollen.

Jetzt sind Ihre Haare dran. Langsame, schwüle Musik ist das beste für diese Aufgabe, die viel Fingerfertigkeit erfordert, zum Beispiel was bluesy-schmusiges wie Peggy Lee. Spiegelfläche für alle Sichtwinkel ist ein Muß!

Hochfrisuren: Der Brilldo

Es gibt viele Gründe, eine neue Frisur auszuprobieren. Angenommen, Sie haben grade eine „Teflonzeit" – Sie wissen schon, wenn nichts oder niemand kleben will. Höchste Zeit zu wechseln – wie wär's zur Abwechslung mal mit einer Hochfrisur? Ich mag mein Haar so richtig aufgetürmt. Sie müssen sich natürlich nach der Länge Ihrer Haare und nach Ihrem Seelenzustand richten und sich vielleicht mit einer oder zwei Etagen weniger begnügen.

Ausrüstung:
- Dünne Haarklammern, die zu Ihrer Haarfarbe passen (Blondinen nehmen Silber). Wie viele? Zu viele.
- Starker Haarspray.
- Glättende Haarbürste mit feinen Borsten.
- Überzogenes Gummiband.
- Hochbaugerüst: Entweder eine Strumpfhose (endlich sind sie zu was nütze) in einer Farbe, die der Ihrer Haare ähnelt, oder Puffs. (Sie können mehrere kaufen, sie stapeln und feststecken, um die richtige Höhe zu kriegen.)

Anleitung:
1 Beugen Sie den Kopf, und bürsten Sie die Haare nach vorn übers Gesicht.
2 Befestigen Sie das Hochbaugerüst auf Ihrer Kopfmitte, indem Sie es mit Haarklammern ringsum feststecken (bei Strumpfhosen bohren Sie Löcher in das Material), bis es festsitzt.
3 Heben Sie den Kopf und gleichzeitig Ihre Haare mit beiden Händen, um das Gerüst zu verdecken.
4 Bringen Sie das Gummiband mitten über dem Gerüst an. Vergewissern Sie sich, daß alles fest sitzt und Halt hat.
5 Ziehen Sie vorsichtig eine Strähne heraus. Wickeln Sie sie um das Gummiband, um das Beweismaterial zu verdecken. Feststecken.
6 Die Strähnen, die aus dem Gummiband hochstehen, in kleinen Locken arrangieren oder zu einem Chignon stecken. Nach Belieben: Zupfen Sie sich einen Pony in die Stirn oder Strähnchen, um Gesicht und Hals einzurahmen.

Foto: Arena Magazine/Kevin Davies

7 Bürsten Sie vorsichtig die Oberfläche der Frisur glatt.
8 Sprayen Sie drauf los!

Sex und Perücken

Wir wissen, daß echte Haare von Sex nur noch sexyer werden. Oh, dieser gewisse verruchte Look! Aber wie sieht's mit Lockentuffs, Zöpfen, Pferdeschwänzen und Haarteilen aus – diesen wunderbaren falschen Haaren, mit denen man sein Aussehen in Minuten verändern kann? TTs lieben es, wenn Ihr Haar manchmal verschiedene Längen und Farben hat. Perücken sind nicht nur für religiöse Sekten und kahle Menschen da, sie sind modische Freiheit. Natürlich sollten Perücken sexproof sein, wie folgende kleine Anekdote verrät:

Ich war in Miami und wohnte in einer Villa mit Sauna und Hot Tub im Badezimmer. Ich wollte in die Hot Tub steigen, um mich auf die Ankunft meines Freundes vorzubereiten. Da ich wußte, daß mein TT nicht unten warten, sondern raufkommen würde, um mich in der Hot Tub zu „überraschen", hatte ich mich bereits geschminkt und eine Perücke aufgesetzt. Ich hatte mir eine ultralange Meerjungfrauennummer ausgesucht, einen richtigen Haarwasserfall, passend zu meiner Umgebung. Wie vermutet, kam mein TT ins Badezimmer, während ich in der Wanne lag. Er hob mich aus der Wanne auf die Kacheln. Die Tür war abgesperrt. Es wurde immer heißer – auch im bildlichen Sinn.

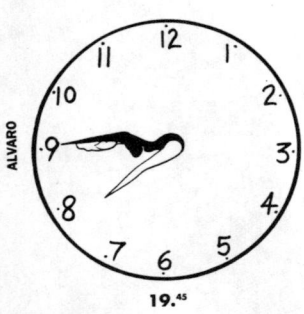

Ein Traum? Ja. Aber bekanntermaßen sind synthetische Haare aus Plastik. Feine Plastikfäden. Und Plastik schmilzt bei extremer Hitze. Ehe ich mich's versah, hatte ich eine Rastamatte auf. Meine seidigen, synthetischen Strähnen waren zu einer Dreadlocksymphonie geschmolzen! Heute weiß ich, daß ich nur echtes Haar (wie den „Kaviar des Haares", der aus jungfräulichem – ohne

Quatsch – Haar toskanischer Nonnen vor dem Ablegen des Gelübdes hergestellt wird) in so brenzligen Situationen tragen darf. Aber trotz meines Schmelzens blieb die Perücke auf meinem Kopf, weil ich sie sexgeprooft hatte. Das geht so:

1 Toupieren Sie Ihr eigenes Haar Strähne für Strähne an der Stelle, wo Sie das Haarteil befestigen wollen.
2 Verbinden Sie die falschen Haare mit Ihren Haarwurzeln, indem Sie sie mit gekreuzten Haarklammern übereinanderstecken. Sie können gar nicht zuviel Klammern verwenden.

Frischen Sie Ihren Duft auf (Puls parfümieren, Cologne in die Haare, auf Ihr Chiffontaschentuch). Jetzt wird es Zeit für Discomusik zum Aufheizen, die Stücke, zu denen Sie momentan am liebsten tanzen.

Und jetzt wird sich angezogen! In dieser Reihenfolge:

1 Steigen Sie in Ihre Unterwelt. Strapsgürtel, Strümpfe, High Heels, G-String, BH. Verfolgen Sie es im Spiegel. Stellen Sie die Polaroid auf Selbstauslöser, und machen Sie Schnappschüsse von sich – der Gipfel des Narzißmus!
2 Streifen Sie Ihr herrliches Kleid über. Gehen Sie umher, tragen Sie es ein. Gewöhnen Sie sich daran, es zu tragen.

20.⁵⁰

3 Legen Sie die Accessoires an – sparsam. Suchen Sie sich Accessoires aus, die Sie wirklich mögen, nicht das, was gerade zufällig der letzte Schrei ist. Ihr innerer und äußerer Glamour ist so groß, daß Sie nicht mehr als ein bißchen Schal, Stirnband, Schmuck usw. benötigen. Wenn Sie fertig sind, nehmen Sie das letzte Stück, das Sie angelegt haben, wieder ab. Sie brauchen es nicht.

Miss Wie-die-Natur-sie-Schuf

... und das alles „in nicht

einmal sechs Stunden".

Ersetzen Sie alle Glühbirnen durch rotschimmernde. Verstecken Sie alles Schönheitsmaterial in der Badewanne, und ziehen Sie den Duschvorhang vor. Sammeln Sie die Kaffeetassen ein, und stapeln Sie sie im Küchenschrank. Mit anderen Worten – Kulisse wechseln! Verspritzen Sie Cologne – sogar im Hausflur. Legen Sie schwüle Musik auf. Stellen Sie Telefonklingel und Anrufbeantworter leise. Jetzt tief Luft holen und Atem anhalten, damit Sie rosig und atemlos aussehen, wenn es an der Tür klingelt. Wenn Ihr innerer und äußerer Glamour entfaltet ist, wird ein warmes, wohliges Gefühl Ihren ganzen Körper durchströmen. Gehen Sie in Pose. Abwehrmechanismen abschalten. Sie fühlen sich phantastisch.

Jetzt kann das Fest beginnen! Sie können sich entspannen, weil Sie eine ganz natürliche Schönheit geworden sind, wie ich es versprochen hatte. Und das in nicht einmal sechs Stunden!

Dominanz und Demut

(82072)

(60419)

(60304)

(60197)

(60339)

(84028)

Knaur®

Geheimnis
Sexualität

Domenicas Kopfkissenbuch

(3994)

Knaur® Sachbuch
Susan Crain Bakos
Kolumnistin des amerikanischen »Penthouse«-Magazins

Liebe und Lust der Männer
Ihre geheimen sexuellen Wünsche und Ängste

(4817)

Lisa A. Mainiero
Liebe im Büro
Flirts, Intrigen und Karrieren am Arbeitsplatz

LEBENSHILFE PSYCHOLOGIE

(84025)

HYDRA (HRSG.)
FREIER
Das heimliche Treiben der Männer

(77046)

Knaur®
Leonard und Natalie Zunin
Kontakt finden
Die ersten vier Minuten

(7791)

Knaur® Sachbuch
Susan Crain Bakos
Kolumnistin des amerikanischen »Penthouse«-Magazins

Liebe und Lust der Frauen
Ihre geheimen sexuellen Wünsche und Ängste

(4852)

Sexualität – ein Tabu?

(77175)

(77046)

(84057)

(77087)

(77096)

(84016)